O coordenador
pedagógico
e questões da
contemporaneidade

Leitura indicada

1. O coordenador pedagógico e a educação continuada
2. O coordenador pedagógico e a formação docente
3. O coordenador pedagógico e o espaço da mudança
4. O coordenador pedagógico e o cotidiano da escola
5. O coordenador pedagógico e questões da contemporaneidade
6. O coordenador pedagógico e os desafios da educação
7. O coordenador pedagógico e o atendimento à diversidade
8. O coordenador pedagógico: provocações e possibilidades de atuação
9. O coordenador pedagógico e a formação centrada na escola
10. O coordenador pedagógico no espaço escolar: articulador, formador e transformador
11. O coordenador pedagógico e o trabalho colaborativo na escola
12. O coordenador pedagógico e a legitimidade de sua atuação
13. O coordenador pedagógico e seus percursos formativos
14. O coordenador pedagógico e questões emergentes na escola
15. O coordenador pedagógico e as relações solidárias na escola
16. O coordenador pedagógico e os desafios pós-pandemia
17. O coordenador pedagógico e seu desenvolvimento profissional na educação básica

O coordenador pedagógico e questões da contemporaneidade

Laurinda Ramalho de Almeida
Vera Maria Nigro de Souza Placco
ORGANIZADORAS

Eliane Bambini Gorgueira Bruno
Francisco Carlos Franco
Luci Castor de Abreu
Marili M. da Silva Vieira
Marli Eliza Dalmazo Afonso de André
Moacyr da Silva
Mônica Matie Fujikawa
Paulo César Geglio
Vera Lucia Trevisan de Souza

Edições Loyola

Dados Internacionais de Catalogação na Publicação (CIP)
(Câmara Brasileira do Livro, SP, Brasil)

O Coordenador pedagógico e questões da contemporaneidade / Laurinda Ramalho de Almeida, Vera Maria Nigro de Souza, organizadoras. -- 6. ed. -- São Paulo : Edições Loyola, 2012.

Vários autores.
Bibliografia.
ISBN 978-85-15-03402-4

1. Coordenadores educacionais 2. Educação - Finalidades e objetivos 3. Pedagogia 4. Professores - Formação I. Almeida, Laurinda Ramalho de. II. Placco, Vera Maria Nigro de Souza.

12-13831   CDD-370.71

Índices para catálogo sistemático:
1. Coordenação pedagógica : Educação   370.71
2. Coordenadores pedagógicos : Educação   370.71

Conselho editorial:
Abigail Alvarenga Mahoney
Emilia Freitas de Lima
Idméa Semeghini Próspero Machado de Siqueira
Laurinda Ramalho de Almeida
Melania Moroz
Vera Maria Nigro de Souza Placco

Preparação: Renato Rocha Carlos
Capa: Amanda Ap. Cabrera
       Ronaldo Hideo Inoue
Diagramação: Flávio Santana
Revisão: Maurício Leal

Edições Loyola Jesuítas
Rua 1822 nº 341 – Ipiranga
04216-000 São Paulo, SP
T 55 11 3385 8500/8501, 2063 4275
editorial@loyola.com.br
vendas@loyola.com.br
www.loyola.com.br

Todos os direitos reservados. Nenhuma parte desta obra pode ser reproduzida ou transmitida por qualquer forma e/ou quaisquer meios (eletrônico ou mecânico, incluindo fotocópia e gravação) ou arquivada em qualquer sistema ou banco de dados sem permissão escrita da Editora.

ISBN 978-85-15-03402-4

6ª edição: 2012

© EDIÇÕES LOYOLA, São Paulo, Brasil, 2006

Sumário

Apresentação 7

O coordenador pedagógico e a questão dos saberes 11
Marli Eliza Dalmazo Afonso de André
Marili M. da Silva Vieira

O coordenador pedagógico, a questão da autoridade
e da formação de valores 25
Vera Lucia Trevisan de Souza
Vera Maria Nigro de Souza Placco

O coordenador pedagógico e a questão do cuidar 41
Laurinda Ramalho de Almeida

O coordenador pedagógico e a questão do protagonismo juvenil 61
Francisco Carlos Franco

O coordenador pedagógico e a questão da participação
nos órgãos colegiados 81
Moacyr da Silva

O coordenador pedagógico e a questão do fracasso escolar 93
Eliane Bambini Gorgueira Bruno
Luci Castor de Abreu

O coordenador pedagógico e a questão da inclusão 109
Paulo César Geglio

O coordenador pedagógico e a questão do registro 127
Mônica Matie Fujikawa

Apresentação

Temos conversado com os coordenadores pedagógicos, por meio de nossos livros, e voltamos a fazê-lo, agora discutindo algumas questões contemporâneas e a escola.

Essas questões apontam para os saberes do coordenador pedagógico, as relações de autoridade, respeito e valores na escola, o cuidar de si mesmo e do outro, o protagonismo juvenil e a participação nos órgãos colegiados. Sua atuação formadora, articuladora e transformadora incide sobre, entre outras, questões como o fracasso escolar e a inclusão. Uma das formas de instrumentalizar e fortalecer essas ações é a utilização do registro das práticas de professores e coordenadores, como meio de formação.

Os *saberes* do coordenador pedagógico são analisados, aqui, privilegiando alguns eixos: a pessoa do profissional e seu trabalho, a pluralidade de saberes, e a temporalidade e experiência nesses saberes, na perspectiva da compreensão dos saberes no e do ser humano.

Ao analisar a atuação do coordenador pedagógico com relação à *autoridade* e à construção de *valores*, identifica-se a relevância de investir na formação destes no contexto escolar, dado que, nesse contexto, autoridade e valores se relacionam, reciprocamente, constituindo-se e constituindo alunos e educadores.

A discussão do *cuidar*, ao focalizar a relação entre professor, aluno e conhecimento, bem como entre coordenador, professor e conhecimento, aborda questões que dizem respeito ao cuidar do fazer, cuidar do conhecimento já elaborado, cuidar da elaboração de projetos de vida éticos e cuidar de si mesmo e do outro.

A discussão do *protagonismo juvenil*, no contexto escolar, leva em conta a valorização da cultura do jovem e de sua comunidade e as formas e instâncias de participação. O coordenador pedagógico e os professores coordenadores de turma são importantes nesse processo.

A reflexão sobre a *participação* de educadores, pais e comunidade nos *órgãos colegiados* mostra os progressos nas formas de gestão mais democrática da unidade escolar, dando início a um processo educacional de qualidade, diretamente relacionado com o trabalho coletivo.

Discutir o *fracasso escolar* implica compreender as formas pelas quais ele é produzido e legitimado dentro do espaço escolar. Por meio do trabalho coletivo, o coordenador pedagógico pode contribuir para melhor compreensão e superação desse quadro.

A reflexão sobre a questão da *inclusão* levanta a hipótese de que os profissionais da escola se esforçam por incluir todos. Para verificar essa hipótese, foi realizado um levantamento junto a coordenadores pedagógicos a respeito de seu trabalho com inclusão, e de sua compreensão sobre esse processo.

A discussão sobre o *registro* escrito da prática pedagógica mostra que este constitui um instrumento de reflexão e formação importante no processo de acompanhamento das práticas de coordenadores e professores, além de ser significativo para o estabelecimento de vínculos e parcerias profissionais.

Lembramos que as questões da contemporaneidade, aqui apontadas, são reveladas na escola, mas também se originam e se enraízam fora dela. Ao se revelarem com força no contexto escolar, interferem fortemente no professor e demais educadores, pois há uma tensão permanente entre o que a escola pode realizar e o que se espera dela diante de tantas demandas sociais emergentes e conflitantes. Professores e coordenadores nem sempre podem ou sabem lidar com as possibilidades e os limites da escola e da sociedade, o que aumenta a responsabilidade do coordenador pedagógico na articulação de um trabalho coletivo.

Nosso objetivo, em mais um livro dedicado aos coordenadores pedagógicos, é sugerir pistas para a compreensão da múltipla determinação do que acontece na escola e mostrar-lhes que não estão sós na busca de caminhos mais promissores.

São Paulo, julho de 2006

LAURINDA RAMALHO DE ALMEIDA
VERA MARIA NIGRO DE SOUZA PLACCO

O coordenador pedagógico e a questão dos saberes

Marli Eliza Dalmazo Afonso de André[1]
marliandre@pucsp.br
Marili M. da Silva Vieira[2]
marrobi@ajato.com.br

Introdução

Por que a temática dos saberes faz parte das questões contemporâneas?

Pareceu-nos interessante iniciar este capítulo com um esclarecimento sobre a relação entre o título do livro e o tema dos saberes. Foi somente nos últimos vinte anos que essa temática ganhou visibilidade no cenário educacional, com a produção de estudos e pesquisas sobre os saberes docentes.

No início dos anos 1980, primeiramente no mundo anglo-saxão e depois em toda a Europa, surgiram milhares e milhares de pesquisas sobre o saber docente. Ao final da década, essa temática já tinha presença definida nos escritos e nas produções acadêmicas

---

1. Professora doutora da Pontifícia Universidade Católica de São Paulo — PUC-SP.
2. Professora doutora da Universidade Presbiteriana Mackenzie.

dos pesquisadores brasileiros. A publicação do artigo "Esboço de uma problemática do saber docente", de Tardif e Lessard (1991), na revista *Teoria e Educação* estimulou o aparecimento de muitos textos e pesquisas sobre o assunto, e desde então o número de trabalhos cresce a cada ano.

A emergência dessa problemática está associada à crítica ao tecnicismo que dominava o pensamento educacional nos anos 1970 e concebia o professor como um técnico eficiente.

Na perspectiva da racionalidade técnica, a prática profissional configura-se como portadora de soluções instrumentais que se resolvem mediante a aplicação de conhecimentos teóricos e técnicos. A docência resume-se à aplicação de normas e técnicas derivadas de um conhecimento especializado. O profissional docente não é visto como um produtor de conhecimento, mas como um consumidor do que é produzido pela ciência, e enquanto técnico sua ação se reduz à utilização de decisões tomadas por outros especialistas.

Nos anos 1980, esse modelo foi fortemente criticado por dar atenção demasiada aos aspectos instrumentais, por atribuir à teoria uma posição de prevalência sobre a prática, pela insuficiência em interpretar a prática educativa, que, constituída por sujeitos em ação e em relação, não pode ser esclarecida pela mera aplicação de conhecimentos científicos previamente definidos.

Entre as propostas de superação da racionalidade técnica, há aqueles que defendem a formação de profissionais autônomos, capazes de tomar decisão, refletir sobre sua ação, realizar investigações sobre sua própria prática e formar um coletivo docente, o que para alguns autores configura o modelo da racionalidade prática (Contreras, 2002; Morgado, 2005; Pereira, 2002). Nesse modelo, há uma clara valorização da prática, dos processos de reflexão e da pesquisa sobre ela e um destaque ao papel ativo do profissional docente.

Ao lado das propostas que definem o modelo da racionalidade prática e ainda em contraposição ao da racionalidade técnica, surge também o modelo do professor como intelectual crítico. Constitui um avanço em relação ao modelo da racionalidade prática, porque acentua a perspectiva política do trabalho docente, concebe o professor como um intelectual transformador, uma verdadeira "autoridade emancipatória" nutrida pelos ideais de liberdade, igualdade e democracia, que devem ser postos em prática na educação de seus alunos, para que se tornem cidadãos participativos e transformadores da realidade social.

A discussão sobre os saberes docentes situa-se nesse contexto de crítica à concepção do professor como técnico e de valorização das dimensões reflexiva, crítica, ética e política da formação docente, de interesse nos processos de constituição da profissionalidade e da identidade profissional dos docentes, de destaque ao papel da reflexão e da pesquisa sobre a prática.

No artigo de Tardif e Lessard (1991, p. 215), a problemática dos saberes é introduzida da seguinte maneira:

> Se chamamos de "saberes sociais" o conjunto de saberes de que dispõe uma sociedade e de "educação" o conjunto dos processos de formação e de aprendizagem elaborados socialmente e destinados a instruir os membros da sociedade com base nesses saberes, então é evidente que os grupos de educadores, os corpos docentes que realizam efetivamente esses processos educativos no âmbito dos sistemas de formação em vigor são chamados, de uma maneira ou de outra, a definir sua prática em relação aos saberes que possuem e transmitem.

A proposição dos autores, conforme o extrato acima, amplia a discussão dos saberes para além do âmbito dos docentes, estendendo-a ao conjunto dos educadores responsáveis pelos processos educativos. É com apoio nessa proposição que situamos o tema dos saberes dos coordenadores pedagógicos, objeto deste capítulo.

Saberes: concepção e fios condutores

Iniciamos este diálogo com algumas indagações: que saberes são mobilizados pelos coordenadores pedagógicos no exercício de seu trabalho cotidiano? Como eles os utilizam nas diferentes situações que enfrentam diariamente? Quais são as relações desses saberes com o contexto de trabalho?

Talvez não consigamos responder a todas essas questões, mas antes de tentar apreciá-las é necessário esclarecer o que se entende por saber.

Tardif, um dos autores que sistematizaram vários escritos sobre os saberes docentes, ajuda-nos a entender esse conceito, pois atribui ao saber "um sentido bem amplo, que engloba os conhecimentos, as habilidades (ou aptidões) e as atitudes dos docentes, ou seja, tudo o que foi muitas vezes chamado de saber, de saber-fazer e de saber-ser" (Tardif, 2002, p. 212). Sua proposta é muito aberta, o que o leva a alertar para o perigo de que esse conceito se torne mais um modismo, se não for analisado em função do contexto de trabalho dos atores escolares, assim como de sua história pessoal e profissional.

Tardif (2002, p. 11) argumenta que não se pode falar em saber sem relacioná-lo com os condicionantes e com o contexto de trabalho, pois "o saber é sempre o saber de alguém que trabalha alguma coisa no intuito de realizar um objetivo qualquer". Embora o autor se refira ao saber dos docentes, suas reflexões e ponderações podem ser perfeitamente adaptadas ao contexto de trabalho do coordenador pedagógico, que também é um docente e desenvolve suas atividades junto com os professores, com o propósito bem claro de favorecer o processo de ensino e promover a aprendizagem no espaço escolar.

A perspectiva de Tardif (2002) sobre os saberes docentes baseia-se em alguns fios condutores. O primeiro relaciona o saber dos professores com a pessoa do trabalhador e com seu trabalho. Isso significa que as relações dos profissionais com os saberes "são mediadas pelo trabalho que lhes fornece princípios para enfrentar e solucionar situações cotidianas" (p. 17).

Um segundo fio condutor estabelece a pluralidade de saberes aos quais os profissionais recorrem no exercício de sua profissão. O autor afirma que essa diversidade advém da origem social dos saberes: alguns provêm da história familiar e da cultura pessoal, outros do processo de escolarização, outros dos cursos de formação profissional e outros, ainda, da instituição escolar, das relações com os pares e da própria experiência da profissão.

O terceiro eixo acentua a temporalidade do saber. O autor argumenta que os saberes se modificam ao longo do tempo, na medida em que os profissionais aprendem a dominar progressivamente os saberes necessários à realização de seu trabalho. Esses saberes, por um lado, são influenciados pelas experiências familiares e escolares. Quantas concepções, representações, crenças são geradas por essas experiências, muitas das quais jamais serão abaladas! Por outro lado, os saberes se modificam ao longo da carreira profissional, passam pelos estágios de socialização profissional, de consolidação da experiência e das transformações, continuidades, rupturas que marcam a trajetória profissional. Além disso, são também afetados pela singularidade do sujeito, por questões de identidade e subjetividade.

O quarto eixo é o da experiência enquanto fundamento do saber. Segundo Tardif, os professores tendem a hierarquizar os saberes em função de sua utilidade na profissão. Nessa ótica, diz o autor, os saberes oriundos da experiência de trabalho cotidiano são considerados os mais importantes, são o verdadeiro "alicerce da prática e da competência profissionais" (p. 21). Para o autor, os saberes da experiência são saberes práticos que "formam um conjunto de representações a partir das quais os professores interpretam, compreendem e orientam sua profissão e sua prática cotidiana em todas as suas dimensões" (p. 49). É a própria cultura docente em ação, conclui ele.

Um quinto eixo proposto por Tardif caracteriza o trabalho docente como um trabalho essencialmente interativo. Segundo ele, é um trabalho que envolve saberes humanos a respeito de seres humanos. Com essa ideia, o autor procura "compreender as características da interação humana que marcam os atores que atuam juntos", assim como os "poderes e regras mobilizados pelos atores sociais na interação concreta" (p. 22).

O último fio condutor da proposta de Tardif relaciona a questão dos saberes com o repensar da formação de professores. O autor defende a ideia de que levar em conta os saberes cotidianos, os saberes construídos na experiência, "permite renovar nossa concepção não só a respeito da formação deles, mas também de suas identidades, contribuições e papéis profissionais" (p. 23).

A apresentação dos eixos propostos por Tardif deixa evidente a atualidade da temática, em especial quando destaca a importância dos saberes práticos ou experienciais. Reconhecer o docente como um produtor de saberes e valorizar os saberes práticos é algo muito recente na literatura educacional. Daí a contemporaneidade do tema.

O autor defende que é preciso relacionar os saberes com o trabalho, mostrar que eles têm origem social, são plurais, compósitos e heterogêneos, evoluem ao longo da carreira e são saberes humanos sobre seres humanos. Esses aspectos constituem os fios condutores de suas reflexões sobre os saberes docentes e levam-nos a concluir que são linhas de orientação muito pertinentes para a leitura da prática cotidiana do coordenador pedagógico.

Por isso, tomaremos como base o relato de uma manhã de trabalho de uma coordenadora pedagógica que atua há dez anos na função em uma escola particular da cidade de São Paulo e tentaremos fazer uma análise dos saberes envolvidos em suas ações:

> Um dia normal de aula se inicia. A coordenadora chega à escola com entusiasmo para elaborar a agenda da semana. Passa inicialmente pela sala dos professores para desejar a eles um bom dia de trabalho. Logo ao entrar, recebe a notícia de que o professor de Língua Portuguesa vai faltar. Consulta o horário e verifica que ele daria todas as aulas naquele dia. Não pode deixar os alunos sem aula. Imediatamente, verifica se há professores com "janela" e tenta arrumar as substituições. Na primeira aula, ela mesma entra na classe e conversa com os alunos sobre o trimestre que passou, aproveita para fazer um levantamento das dificuldades que encontraram, já tendo em mente o conselho de classe que se aproxima. Na segunda aula, precisará atender um pai de aluno que havia marcado horário no dia anterior. Enquanto aguarda o pai, que está atrasado, seleciona um texto para os professores lerem e discutirem no próximo encontro. Neste ano, estão revendo o projeto pedagógico e necessitam, enquanto coletivo escolar, refletir sobre diferentes teorias de ensino e seus pressupostos. Escolhe

um texto que trata de uma dessas teorias. Quando houver tempo, pretende discutir com a outra orientadora se o texto está apropriado ou não e planejar com ela uma dinâmica para estimular a discussão. O pai chega, é atendido, e em seguida um grupo de alunos a procura com algumas reclamações sobre uma prova. Ela pergunta se já haviam conversado com a professora e os orienta que devem sempre procurar primeiro a professora antes de trazer o problema para a coordenação. Em seguida, chama a professora de Matemática para conversar sobre a necessidade de variar suas estratégias de aula para conseguir que os alunos tenham um melhor aproveitamento. A coordenadora tem acompanhado essa professora, que é nova na escola. Conversam sobre a rotina da aula e sobre diversas possibilidades de variação. A professora sai da sala em busca de desafios que possam enriquecer a fixação do conteúdo. Final da manhã...

Esse extrato revela que o dia de um coordenador pedagógico é repleto de acontecimentos variados, superpostos e imprevisíveis. A cada nova situação, a cada novo fato, ele é chamado a acionar um ou mais de seus saberes e a construir novos.

Suas atividades incluem tanto o planejamento e a manutenção da rotina escolar quanto a formação e o acompanhamento do professor, assim como o atendimento a alunos e pais. Ao desempenhar suas funções, o coordenador busca, em última instância, contribuir para a efetivação do processo de ensino e aprendizagem, o que exige a mobilização de uma série de saberes.

No relato da atuação da coordenadora pedagógica acima apresentado, é possível identificar uma diversidade de saberes marcados pelos fios condutores apontados por Tardif (2002), que servirão de base para a análise do relato.

Eixo 1 — A pessoa do trabalhador e seu trabalho

A leitura do relato de uma manhã de trabalho na vida de uma coordenadora pedagógica revela uma grande capacidade de articular diferentes tipos de saberes para solucionar os desafios cotidianos. Como ela faz isso? Qual é a origem desses saberes?

Essa coordenadora em particular, num dia comum de trabalho, relaciona-se com professores, alunos e pais, faz a mediação de conflitos e problemas, planeja e organiza atividades, atende emergências e, além de tudo, mantém sua atenção na importância da construção do projeto político pedagógico da escola e na necessidade de envolvimento dos professores nesse processo.

Fazer essa orquestração de fatos, situações, acontecimentos que ora se articulam, ora se superpõem ou se contrapõem, exige uma sabedoria pessoal adquirida, muito provavelmente, em diversas fontes: na família, na escola, nas relações interpessoais, na formação profissional, na instituição, na experiência cotidiana. É preciso, no entanto, que esses saberes sejam combinados, amalgamados em função do contexto e das contingências especiais do trabalho. É isso que essa coordenadora parece fazer.

A forma com que a coordenadora integra esses saberes, quando e como os põe em ação é algo muito particular. Tem muito a ver com os sentidos e significados que ela atribui aos problemas que enfrenta e com o tipo de questão que precisa resolver em seu dia a dia. Há, assim, uma estreita relação entre a pessoa que faz e aquilo que é feito, entre o saber e o trabalho.

Eixo 2 — Pluralidade de saberes

Em sua atuação cotidiana, essa coordenadora mobiliza uma pluralidade de saberes de naturezas diversas. Recorre a saberes gerenciais ao tentar resolver o problema da substituição do professor, mas também aciona seus saberes profissionais, éticos, políticos ao decidir que os alunos não podem ficar sem aula. Mobiliza saberes relacionais ao interagir com o pai e com os alunos, mas também refere-se a seus conhecimentos profissionais ao preparar um texto para a atividade de formação dos docentes. Ao mesmo tempo, não deixa de aproveitar o momento de contato com os alunos para avaliar as atividades do trimestre, o que nos leva a identificar a mobilização de saberes curriculares, técnico-profissionais, afetivos, experienciais. Muitos desses saberes devem ter sido adquiridos ao longo da vida, seja na família, na escola, na formação inicial ou em sua experiência de atuação. São saberes que têm origem social, pois advêm de suas relações com o outro e dos significados que ela vai atribuindo a suas experiências como um ser enraizado num mundo, numa cultura, numa sociedade, num tempo determinado.

O relato demonstra que a coordenadora precisa dominar um saber curricular ao lidar com o horário de aulas e com a substituição de professores. Mostra a necessidade de um saber específico quando ela prepara a formação continuada e antecipa a revisão do projeto político pedagógico. Explicita o domínio do saber pedagógico com seu uso de um tempo de aula para obter a opinião dos alunos sobre o trimestre. Revela conhecimento profissional e sensibilidade quando pondera com os alunos a necessidade de discutir as dificuldades diretamente com os professores. Denuncia, em todas as suas ações, a importância do domínio das habilidades que lhe permitam exercer o papel de mediadora nas relações interpessoais e de articuladora do projeto político pedagógico.

Eixo 3 — Temporalidade do saber

Os saberes evoluem, modificam-se ao longo do tempo. Os saberes adquiridos na família, na escolarização e/ou na formação continuada ganham novas cores e dimensões quando vividos no contexto do trabalho e compartilhados com os pares. A experiência permite uma consolidação de certos saberes que se mostram eficientes em certas situações, assim como um rearranjo de conhecimentos, habilidades, atitudes adquiridas para fazer frente a situações novas. Novos saberes podem ser gerados, testados e, se necessário, reestruturados.

O coordenador atua sempre num espaço de mudança. É visto como um agente de transformação da escola. Ele precisa estar atento às brechas que a legislação e a prática cotidiana permitem para atuar, para inovar, para provocar nos professores possíveis inovações.

No relato acima, observamos que ao resolver as questões cotidianas, por exemplo a falta do professor, a coordenadora não deixa de lado sua perspectiva formadora de professores — não como uma avaliadora de professores, mas numa busca de questões a ser discutidas com professores no conselho de classe, nos atendimentos individuais, tanto formais como espontâneos, em direção a "brechas" para transformar a escola, para modificar a prática pedagógica e melhorar os resultados de aprendizagem dos alunos.

Eixo 4 — A experiência enquanto fundamento do saber

Os saberes oriundos da experiência do trabalho cotidiano são considerados importantes pelos profissionais que atuam na educação escolar.

No relato, fica claro que o trabalho da coordenação é atender necessidades e prever ações que possam garantir o bom andamento do processo de ensino e aprendizagem. Esse trabalho pode utilizar recursos como a formação continuada dos professores, o atendimento aos pais ou o trabalho direto com alunos, lidando com relações pessoais ou com burocracia e planejamento.

Ao confrontar o professor com a questão da necessidade de variar estratégias, a coordenadora atua em sua formação contínua. Para esse exercício, lança mão de saberes relacionais e técnicos adquiridos na formação inicial, mas principalmente na experiência vivida cotidianamente.

A forma de fazer esse confronto é um saber que adquire ao longo dos anos de atuação, tanto pelos sucessos como pelos insucessos nos resultados de suas relações com os professores, assim como pela clareza das intenções de sua participação para construção e reconstrução do projeto político pedagógico.

Como a coordenadora descobre qual é o momento adequado de confrontar o professor e qual é a melhor forma de fazê-lo? São saberes que ela adquire na experiência cotidiana, fruto das interações, da especificidade das situações e do contexto de trabalho. Utilizar bem o tempo, distribuí-lo de forma que ela não seja consumida pelas urgências é também um saber que se aperfeiçoa na experiência. Esses saberes práticos, mesmo que explicitados pelos pares, pelos colegas mais experientes, vão ser reelaborados e ressignificados pela coordenadora a cada situação e a cada desafio enfrentado, e construídos em sua experiência profissional.

Eixo 5 — Saberes humanos a respeito de seres humanos

Mate (2000) aponta o coordenador pedagógico (que é para o seu grupo de trabalho também um professor) como o profissional que estará constantemente refletindo sobre as mudanças na sociedade e na escola. Sarmento (2000) acrescenta que o coordenador deverá ser um instigador para o crescimento e o desenvolvimento do professor. O coordenador deve passar a ser, para o professor, um consultor, um apoio no processo de formação de sua profissionalidade, que se dá na situação de trabalho. Um processo assim implica um trabalho em parceria, coletivo. Os saberes relacionais destacam-se como muito importantes nessa parceria. É fundamental que o coordenador pedagógico seja alguém que saiba ouvir, pois o ato de ouvir traz ao outro, enquanto ele fala, mudança na forma de se perceber, faz que perca o medo de apresentar-se e, de acordo com Almeida (2000), fortalece sua identidade. O ato de ouvir permite ao outro tomar consciência de si e assumir-se como sujeito.

Observamos, no relato de um dia de trabalho da coordenadora pedagógica, que ela ouve os alunos, conversa, aconselha, demonstra atitude de acolhimento, capacidade de escuta e exerce papel mediador nas relações entre alunos e professores. Ao receber um pai para atendimento, ela revela, mais uma vez, uma atitude de acolhimento, de abertura ao outro e de crença no trabalho conjunto. Ao discutir com a professora a necessidade de variar as estratégias de ensino, ela revela tanto respeito por sua inexperiência didática como crença em sua capacidade de mudança.

Eixo 6 — Saber repensar a formação dos professores

Ao viver os sucessos e insucessos inerentes ao processo de se relacionar com pessoas, ao vivenciar diferentes estratégias de formar professores, o coordenador se verá diante de conflitos e incertezas que o levarão, muito provavelmente, a pensar e repensar o processo de formação que desenvolve na escola. O trabalho de "instigar" os professores a fazer mudanças em suas práticas, a transformar seu ensino, precisa ser cuidadosamente planejado, ser intencional.

Para Franco (2000) e Almeida (2000), o coordenador pedagógico deverá elaborar projetos individuais com seus professores, estudar com eles, registrar, refletir, indicar leituras, discutir. Isso sempre numa relação afetiva, de confiança, que permita, conforme nos alerta Santos (2000), que os professores reconheçam seus saberes e os aspectos que precisam ser superados e aperfeiçoados. Essa elaboração de projetos de formação de professores, tanto individuais como coletivos, precisa estar articulada com o projeto pedagógico da escola, sempre visando ao aperfeiçoamento do processo de ensino e aprendizagem.

Fusari (2000) e Garrido (2000) defendem que o trabalho ativo e intencional do coordenador, sempre articulado com o projeto político pedagógico da escola, favorece ao professor a tomada de consciência sobre a sua ação e sobre o contexto em que trabalha, bem como, pode-se afirmar, favorece o próprio repensar do coordenador sobre sua atuação. O professor, como também o coordenador, consciente de sua prática, das teorias que a embasam e das teorias que cria e desenvolve ao resolver problemas diários, é um profissional inserido no processo de formação contínua, em busca de mudanças e fundamentações criteriosas para sua prática.

Entendemos mudança como um processo orientado para um fim. No entanto, não um processo finito, mas dinâmico e contínuo, em que o questionamento da prática leva a reformulações constantes. Dessa forma, não se pode falar em mudanças em educação sem a participação e o envolvimento do professor. O que se pode fazer é provocar nele o constante questionamento e busca de identificação de suas necessidades para uma atuação cada vez melhor no processo de aprendizagem. Esse questionar constante e sistemático que inclui o estudo e a crítica às teorias e à própria prática é parte do trabalho do coordenador pedagógico.

Considera-se que os saberes do coordenador são, portanto, plurais, heterogêneos e interconectados. No cotidiano, ele atua e recompõe constantemente seus saberes.

Contudo, pensamos que ter clareza do papel de articulador do projeto político pedagógico da escola, num processo contínuo de formação de professores, é de fundamental importância para que o coordenador não se perca nas emergências e nas rotinas do dia a dia escolar. Placco (2003, p. 47) nos alerta que "o cotidiano do coordenador pedagógico ou pedagógico-educacional é marcado por experiências e eventos que o levam, com frequência, a uma atuação desordenada, ansiosa, imediatista e reacional, às vezes até frenética...".

Esse alerta nos remete a um saber fundamental no trabalho do coordenador pedagógico quando ele para, pensa, planeja, organiza e redimensiona as próprias ações. Conforme Placco (2003) nos indica, deve-se lutar pela importância do trabalho de coordenação pedagógica (formação de professores, articulação do projeto político pedagógico), organizar as rotinas e interromper as urgências quando necessário. Isso significa cuidar também da própria formação contínua, reservando tempo para ler, estudar, pensar, criticar a prática cotidiana e rever constantemente as intenções.

Referências bibliográficas

ALMEIDA, L. R. A dimensão relacional no processo de formação docente. In: BRUNO, E.; ALMEIDA, L. R.; CHRISTOV, L. (orgs.). *O coordenador pedagógico e a formação docente*. São Paulo, Loyola, 2000, p. 77-87.

CONTRERAS, J. *A autonomia dos professores*. São Paulo, Cortez, 2002.

FRANCO, F. Formação contínua de educadores na escola e em outras situações. In: BRUNO, E.; ALMEIDA, L. R.; CHRISTOV, L. (orgs.). *O coordenador pedagógico e a formação docente*. São Paulo, Loyola, 2000, p. 33-36.

FUSARI, J. C. Formação contínua de educadores na escola e em outras situações. In: BRUNO, E.; ALMEIDA, L. R.; CHRISTOV, L. (orgs.). *O coordenador pedagógico e a formação docente*. São Paulo, Loyola, 2000, p. 17-24.

GARRIDO, E. Espaço de formação continuada para o professor-coordenador. In: BRUNO, E.; ALMEIDA, L. R.; CHRISTOV, L. (orgs.). *O coordenador pedagógico e a formação docente*. São Paulo, Loyola, 2000, p. 9-15.

MATE, C. O coordenador pedagógico e as reformas pedagógicas. In: BRUNO, E.; ALMEIDA, L. R.; CHRISTOV, L. (orgs.). *O coordenador pedagógico e a formação docente*. São Paulo, Loyola, 2000, p. 71-76.

MORGADO, J. C. *Currículo e profissionalidade docente*. Porto, Editora Porto, 2005.

PLACCO, V. M. N. S. O coordenador pedagógico no confronto com o cotidiano da escola. In: ALMEIDA, L. R.; PLACCO, V. M. N. S. (orgs.). *O coordenador pedagógico e o cotidiano da escola*. São Paulo, Loyola, 2003, p. 47-60.

PEREIRA, J. E. D. A pesquisa dos educadores como estratégia para construção de modelos críticos de formação docente. In: PEREIRA, J. E. D.; ZEICHNER, K. M. *A pesquisa na formação docente*. Belo Horizonte, Autêntica, 2002.

SANTOS, M. I. M. Saberes e sentimentos dos professores. In: BRUNO, E.; ALMEIDA, L. R.; CHRISTOV, L. *O coordenador pedagógico e a formação docente*. São Paulo, Loyola, 2000, p. 89-93.

SARMENTO, M. O coordenador pedagógico e o desafio das novas tecnologias. In: BRUNO, E.; ALMEIDA, L. R.; CHRISTOV, L. (orgs.). *O coordenador pedagógico e a formação docente*. São Paulo, Loyola, 2000, p. 63-69.

TARDIF, M. *Saberes docentes e formação profissional*. Petrópolis, Vozes, 2002.

——; LESSARD, C. Esboço de uma problemática do saber docente. *Teoria e Educação*, vol. 1, n. 4, 215-253.

VIEIRA, M. M. S. *Mudança e sentimento: o coordenador pedagógico e os sentimentos dos professores*. Dissertação (Mestrado em Psicologia da Educação), São Paulo, Pontifícia Universidade Católica, 2002.

O coordenador pedagógico, a questão da autoridade e da formação de valores

Vera Lucia Trevisan de Souza[1]
vera.trevisan@uol.com.br
Vera Maria Nigro de Souza Placco[2]
veraplacco@pucsp.br

"As crianças não respeitam porque não tem ninguém nesta escola que imponha respeito, porque ninguém faz nada. Além disso, essas reuniões de HTPC são muito chatas; na outra escola era uma maravilha, a coordenadora só sugeria as atividades e a gente fazia se queria. Aqui, a gente é obrigada a fazer"
(fala de professora sobre a coordenação).

"Não gosto de mandar, mas às vezes acho que é isso que as professoras esperam de mim; pelo menos não teriam trabalho de decidir, de escolher, de tomar decisões e assumir a responsabilidade"
(fala da coordenadora sobre professores).

---

1. Professora da Pós-Graduação em Psicologia da PUC-Campinas. Doutora pelo Programa de Estudos Pós-Graduados em Educação: Psicologia da Educação da PUC-SP.
2. Doutora em Educação: Psicologia da Educação; professora titular do PEPG em Educação: Psicologia da Educação. Coordenadora e professora do Programa de Estudos Pós-Graduados em Educação: Psicologia da Educação – PUC-SP.

O que é autoridade? Por que está tão presente como interesse e demanda na escola, nos dias atuais? Qual é sua relação com a formação de valores pelos atores da escola? Como é vivida na escola, sobretudo pelo coordenador pedagógico? Essas questões nascem à medida que acessamos situações presentes nas escolas, como as cenas que abrem este texto e anunciam o que queremos apresentar como proposta de reflexão, oferecendo elementos para a compreensão dos aspectos presentes em interações dessa natureza.

A questão da autoridade nos espaços educacionais, nas famílias, em escolas ou em outros ambientes sociais costuma aparecer, via de regra, mais por sua ausência que pela presença: manifesta-se na queixa de educadores, pais ou professores, geralmente mobilizada por conflitos de relações, e decorre, por sua vez, de situações que envolvem o que os professores denominam "desrespeito".

Quando observamos, especificamente, a escola, constatamos que situações que envolvem conflitos de autoridade são cada vez mais frequentes, provocando transtornos que algumas vezes impedem que o processo de ensino-aprendizagem se efetive, afastam a possibilidade de diálogo entre os pais e a escola, entre os professores e os coordenadores. Outra consequência a ser considerada são as práticas adotadas pelos atores da escola no encaminhamento das situações conflituosas: no caso dos alunos, retirada da sala, conversa com o coordenador ou diretor, bilhete para os pais etc.; no caso dos professores, o silêncio ou desabafos generalizados. Essas práticas impedem a construção de valores positivos pelos alunos e demais atores da escola.

Quais valores estão presentes nas cenas apresentadas? Ao buscar responder a essa questão, nós nos debruçamos sobre a formação de valores e sua relação com o exercício da autoridade, enfocando especialmente o papel e a prática do coordenador pedagógico, que é convocado, com muita frequência, a resolver os conflitos desencadeados em sala de aula, e a quem, via de regra, é atribuída a responsabilidade de manter o respeito como condição para a realização da ação pedagógica.

Entendemos que a reflexão sobre a formação de valores, da perspectiva adotada neste texto, se constitui como condição para a construção de relações de autoridade que viabilizem a realização de uma educação voltada para a formação ética.

Algumas considerações teóricas

Os diversos campos de saberes que têm estudado a questão da autoridade revelam acepções concordantes e divergentes. No primeiro caso, todos se remetem à história para postular sua existência ou forma de manutenção e consideram que a autoridade se encontra em crise.

Hannah Arendt (2000, p. 129) diz que a autoridade, com certa frequência, confunde-se com poder e violência. No entanto, só se pode conceber a presença de autoridade quando se "[...] exclui a utilização de meios externos e coerção, pois onde a força é usada a autoridade fracassou". Logo, a autoridade se contrapõe à coerção física ou à persuasão e se constitui pela hierarquia legitimada pelo reconhecimento da competência de quem a exerce. Essa legitimidade funda-se nas práticas sociais dos indivíduos e instituições e não no cargo ocupado por indivíduos em organizações.

Na mesma linha que Arendt, Elmore (1987, p. 69) diz que "[...] autoridade é uma relação recíproca em que a atribuição de legitimidade baseia-se em uma desigualdade reconhecida". Essa legitimidade se daria pelo respeito ao conhecimento ou à competência, pelo trato ou pela represália, ou ainda pela tradição ou pela regra. Logo, a autoridade caracterizar-se-ia por uma relação assimétrica.

No campo da psicologia, La Taille (1999) entende que o respeito, a hierarquia e a autonomia constituem-se em condição para a existência da autoridade. Isso porque o fato de alguém obedecer a determinada ordem não significa que o mandante tenha autoridade, se não estão presentes o respeito e a autonomia de quem obedece.

Reforçando o conceito de La Taille, Araújo (1999) entende que a autoridade está relacionada com o sentimento de respeito, que se constrói nas relações entre as pessoas e se constitui de duas maneiras distintas: como resultado da hierarquização nas relações sociais e como reconhecimento do prestígio ou competência.

Das considerações dos autores supracitados, dois tipos de autoridade podem ser, portanto, identificados: um que se constrói nas relações entre as pessoas, pelo reconhecimento de que aquela que exerce o papel de autoridade tem qualificações pessoais e profissionais para tal, como o conhecimento e saberes institucionais específicos, por exemplo; e um tipo em que a autoridade é dada pelo cargo de quem a exerce em dada organização, independentemente das qualificações da pessoa, qualificações que podem ou não estar presentes.

Ainda segundo esses autores, é possível dizer que a autoridade é construída nas relações interpessoais e, se a realidade se transforma permanentemente, a autoridade e sua forma de expressão também carecem ser repensadas, reconstruídas por aqueles que as exercem, nas práticas sociais que se empreendem.

Finalmente, também é possível afirmar que a autoridade está imbricada com os valores, na medida em que todos os autores que a discutem inserem o respeito (La Taille, Araújo, Elmore), a responsabilidade (Arendt), a autonomia (Arendt, Araújo), o reconhecimento e a admiração (Araújo) como condição para sua existência.

Mas o que estamos chamando de valores? Por que queremos atrelá-los à autoridade?

Entendemos valores como o conjunto das representações que o sujeito tem de si, conforme concebe La Taille (2001, p. 74), para quem "[...] pensar sobre si implica atribuição de valor a si, uma vez que sempre nos pensamos em termos de categorias, como superior/inferior, desejável/indesejável, certo/errado, bom/mau etc.". Das representações que o sujeito tem de si decorrem as atribuições de valor a tudo o mais.

Para La Taille, essas representações conferem identidade ao ser, ou seja, o sujeito se constitui a partir das ideias, imagens que tem de si, as quais são sempre valorativas e múltiplas, podendo até mesmo ser conflitantes.

Os valores constituintes da identidade do sujeito podem ser morais, quando associados à justiça, à fidelidade, à honestidade e demais virtudes morais; ou não morais, quando associados à beleza, ao sucesso profissional, ao *status* social etc.

Os valores não morais são geradores da autoestima, e os morais são geradores do autorrespeito. Assim, o sentimento de autorrespeito tem sua gênese e sua sustentação nos valores morais e, para La Taille, corresponde ao sentimento de honra-virtude ou dignidade. Logo, só nos vemos, nos representamos como dignos porque nos autorrespeitamos. A presença do autorrespeito como valor indica que a pessoa que o possui respeita moralmente as demais pessoas de suas relações, ou seja, só se autorrespeita quem respeita os outros e vice-versa.

Os valores, tanto morais como não morais, são construídos nas interações de que tomam parte os indivíduos. Ou seja, de onde vêm as imagens que temos de nós, a forma como nos representamos? Por que nos vemos como competentes ou incompetentes, honestos ou desonestos, respeitosos ou desrespeitosos?

Esses sentimentos provêm das significações que nos são atribuídas pelas pessoas com as quais nos relacionamos, em um processo que, no caso dos valores, envolve sempre o julgamento de nossas ações ou qualificações. Se praticamos determinadas ações que são concebidas como "certas" e "boas" pelas pessoas que prezamos e que, portanto, respeitamos, é possível que passemos a nos ver como pessoas corretas, dignas, pois concordamos com o juízo que recebemos. Do mesmo modo, se ações praticadas ou modos de conduta são avaliados como "errados" ou "ruins" por pessoas que prezamos (visto que podemos não levar em conta julgamentos de pessoas que não nos são caras), podemos passar a nos ver, temporariamente ou não, a depender da frequência desses juízos negativos e de sua alternância com juízos positivos, como incompetentes ou fracassados.

Ainda segundo La Taille, "[...] ninguém quer se ver como valor negativo [...]" (2001, p. 73), o que faz com que os valores constituam uma força motivacional para nossas ações. O fato de nos vermos como competentes, por exemplo, nos leva a agir como competentes, pois buscaremos preservar essa imagem que nos confere valor positivo. E vice-versa.

Com quais valores o coordenador pedagógico se representa? Qual é a relação entre a imagem que faz de si e o exercício de sua autoridade? Se ele se constitui como autoridade no espaço da escola, pelas práticas sociais que empreende com seus atores, o que o constitui como autoridade legitimada pelo reconhecimento de seus conhecimentos, sua competência, pela admiração dos demais atores da escola? Ou apenas exerce a autoridade porque ocupa um lugar na organização que lhe confere poder para tal?

Sobre essas questões discorreremos a seguir, a partir de exemplos de situações observadas em interações empreendidas na escola, com o envolvimento da coordenação e dos demais atores.

O coordenador, os valores e a autoridade

As falas da professora e da coordenadora apresentadas no início do texto permitem observar como cada uma concebe a autoridade na escola. A professora atrela a autoridade ao respeito, quando diz que os alunos não respeitam porque ninguém faz nada na escola. Esse "ninguém" parece ser a coordenadora, a quem a professora atribui a responsabilidade de impor o respeito que julga necessário, pois a ataca em seguida, criticando as HTPCs[3] e fazendo referência a uma experiência melhor, vivida em outra realidade escolar.

Logo, a professora julga a coordenadora de maneira depreciativa. Podemos então questionar em que medida esse julgamento interfere na imagem que a coordenadora tem de si. Retomaremos essa questão adiante, pois, inicialmente, é importante perguntar sobre os valores da professora: parece que ela se exclui da situação, não se vê como responsável por manter o respeito, quando diz que não há ninguém que o faça na escola. Também parece entender que a autoridade na escola não diz respeito ao professor, pois coloca a responsabilidade ou culpa fora de si; projeta-a na coordenadora. O respeito está presente na atitude dessa professora

---

3. Horários de Tempo Pedagógico Coletivo.

que ataca a coordenadora em uma reunião, na presença dos demais professores? Ainda que consideremos tratar-se de um desabafo, é possível identificar o respeito pelo outro como valor presente em alguém que deprecia, publicamente, o trabalho do outro?

Dois aspectos importantes, decorrentes dessa análise, podem ser destacados. Dissemos anteriormente que os valores têm sua gênese nas interações, a partir do julgamento que as pessoas que prezamos fazem de nós. Também dissemos que respeitar alguém é condição para nos respeitarmos e vice-versa. Essa professora que, em sua atitude com a coordenadora, não revela respeito clama pelo respeito dos alunos. Contudo, será que o respeito está presente em sua relação com os alunos? Como poderão seus alunos constituir-se como respeitosos se não tomarem parte de interações em que o respeito circule como valor positivo? Ainda, a professora concebe a autoridade como responsabilidade da escola ou da coordenadora e não se inclui ou não toma para si a responsabilidade de exercê-la. Se ela não se vê como responsável, não se vê como capaz de impor o respeito que julga necessário, poderão os alunos respeitá-la? Ainda, vimos que a responsabilidade e a admiração são condições para que a autoridade se constitua. É possível admirar alguém que não respeitamos? Alguém que não se responsabiliza por nós ou só se responsabiliza parcialmente?

Essas questões estão no cerne dos conflitos de valores na escola que, via de regra, só se manifestam em relação à autoridade, colocando em xeque a competência dos educadores para encaminhá-las de maneira adequada. Se o respeito e o autorrespeito não entrarem nas considerações sobre o exercício da autoridade, esta não será, ou não poderá ser, exercida satisfatoriamente.

Voltemos à coordenadora. A expectativa da referida professora e sua atitude em relação à coordenadora não são inusitadas ou inesperadas: é a coordenadora que é chamada a resolver os conflitos de autoridade na escola. Isso porque a escola continua a encaminhar os conflitos de valores e autoridade da mesma forma, desde muito tempo. Como já dissemos no início do texto, ações como retirar o aluno da sala, mandá-lo para a coordenação ou direção, mandar bilhetes para os pais continuam a ser as mais comuns para se encaminhar as situações que os professores identificam como portadoras de desrespeito. Essas formas podem ser denominadas sanções expiatórias, que, segundo Piaget (1932), se caracterizam como aquelas que contêm uma intenção moral clara de fazer quem errou pagar pelo que fez, sendo esse pagamento uma forma dolorosa, um sacrifício, ainda que este não tenha relação com a infração cometida.

O grande problema de utilizar esse tipo de punição para atitudes inadequadas, além da injustiça frequente, é que a punição incide sobre o comportamento manifesto e não sobre sua causa. Não se busca identificar a motivação de tais comportamentos, nem refletir sobre os valores em questão. Logo, esse tipo de ação até pode extinguir o comportamento inadequado, mas não extinguirá sua motivação e exigirá permanente controle externo por parte dos adultos para que não volte a se manifestar.

A autonomia não se desenvolve, e uma relação de autoridade que se legitime pelo autorrespeito também fica inviabilizada. A única autoridade possível, neste caso, é a que se sustenta pelo lugar ocupado (professor ou coordenador) e por relações do tipo mando–medo-obediência.

Ainda no que concerne a valores, as sanções expiatórias acabam por julgar de maneira depreciativa o sujeito que as recebe, atrelando valores negativos à sua identidade e, algumas vezes, humilhando-o diante da comunidade que lhe é cara. Essa situação pode ser vivida com sentimentos dolorosos, como a culpa ou a vergonha, por exemplo, ou com revolta contra a autoridade, o que é mais frequente quando a autoridade se reveste de autoritarismo.

Para clarear nossas concepções no que diz respeito às relações na escola, à autoridade, ao respeito e ao autorrespeito, apresentamos abaixo duas cenas acontecidas em escola:

Cena 1

> Aluno: A professora me mandou vir conversar com você.
> Coordenadora: Por quê?
> Aluno: Não sei, só mandou eu vir.

Coordenadora: O que você fez?
Aluno: Nada, eu estava quieto, os dois meninos de trás estavam bagunçando. Eu virei para pedir a borracha emprestada e ela me mandou sair.
Coordenadora: Então volte para a classe e diga à professora que depois vou lá falar com ela!
Aluno: Não posso, ela disse que não me quer mais lá hoje. Disse que você vai mandar bilhete para minha mãe.
Coordenadora: Então sente-se ali (aponta uma cadeira em sua sala); quando eu terminar, conversamos e verei o que faço.
Aluno: Por favor, qualquer coisa, mas não manda bilhete para a mãe, ela vai me bater.
Coordenadora: Agora estou ocupada, depois conversamos.

Cena 2

"Nesta escola, em particular, está difícil a construção de vínculos. Talvez o que dificulte seja o Sistema Estatal, onde todos podem fazer o que querem sem temer prejuízos à sua carreira e não se comprometem. Se você sente desconforto em ser direta e dizer o que pensa ao outro, é porque ainda não construiu uma relação sincera e verdadeira. Quem não aceita e diz, parece sempre estar resistindo para bloquear, e quem diz que sim não o faz sinceramente: vira as costas, sai da sala e faz outra coisa. Então, fico 'amarrada' (e até desgastada) em, por exemplo, achar que uma professora fez algo indevido e ir até ela para conversar — não vai mudar mesmo! Então, para que se indispor? Acho que distancia mais ainda. Talvez neste sistema o autoritarismo seja a linha mais adequada, mas, para isso, você deve abrir mão do pessoal, se afastar e também fingir, como todos fazem" (trecho de reflexão de coordenadora).

Na cena 1, é possível observar um exemplo de situação vivida pelo coordenador em seu dia a dia: chega-lhe uma criança ou adolescente, contando-lhe uma situação que desconhece, e ele tem de tomar medidas com base no que lhe diz o aluno, já sabendo, de antemão, que, independentemente de corresponder ou não à verdade, não expressa o ponto de vista do professor. O professor que mandou o aluno à coordenação livrou-se do conflito; contudo, atestou para ele que não é capaz de lidar com tal situação e transferiu a responsabilidade para o coordenador. Logo, sua autoridade fracassa, não somente em relação a esse aluno, mas em relação a toda a classe, que vivencia a situação.

A coordenadora não tem muitas opções de ação, visto que não pode retomar a situação com o aluno e a professora, pois esta manda dizer-lhe que não quer mais o aluno na sala. Resta-lhe, então, conversar com o aluno, que alega não ter feito nada. Sem maiores dados, como deve ela agir, como encaminhar a situação? Atende aos pedidos da professora e manda bilhete para a mãe? Dizendo o quê? Seria justo com o aluno? Atende ao aluno, não manda bilhete e conversa com a professora depois da aula, e continua sendo vista como quem "não faz nada", assumindo a identidade de coordenadora que não impõe respeito, conforme atribuição feita por uma das professoras, na cena que abre este texto?

Se a coordenadora concordasse com a forma com que a professora encaminhou a situação, provavelmente a atenderia e mandaria o bilhete, participando da execução da sanção expiatória, integrando um corporativismo que exerce o poder sobre os mais fracos, e afastaria o conflito na relação com a professora e o grupo de professores. A autoridade aqui se caracterizaria como legitimada pelo lugar que ocupa na organização escola, lugar do poder de quem manda mais. Contudo, pela acusação da cena anterior, de que a coordenadora não faz nada, parece que ela não costuma concordar com tais encaminhamentos, o que mantém os conflitos de valores no grupo de professores, por um lado, mas pode mostrar que a coordenadora realmente se exime de tomar decisões, por outro. No entanto, pode ainda indicar que a coordenadora busca construir outra forma de relação, que implica a participação do grupo.

Na cena 2, em que a coordenadora escreve sobre sua relação com os professores e o Sistema de Ensino, ela parece bastante insatisfeita com os tipos de atitudes que observa e revela um dilema:

ser ou não autoritária? Que tipo de autoridade deve exercer? Como enfrentar conflitos, investir no diálogo, se as pessoas viram as costas e não fazem o combinado? De que adianta se desgastar?

Observe-se a contradição no discurso da coordenadora: ao mesmo tempo em que critica a postura dos atores com quem interage, defende uma forma de conduta muito semelhante à que critica — ambas de cunho autoritário. Contudo, é possível observar seu mal-estar, seu desejo de que as coisas fossem diferentes, e sua tentativa de compreender o porquê de dadas condutas.

Essa dúvida e esse conflito com relação à maneira como deve agir enquanto autoridade são muito comuns como sentimentos de coordenadores, e devemos encará-los como resultantes da natureza própria da função: complexa, ainda mal delimitada pela regularização das profissões, pouco explorada ou discutida na formação inicial etc. Contudo, esse fato não minimiza a responsabilidade do coordenador como mobilizador do processo educativo na escola: como tal, deve promover espaços para a construção de relações que tenham em sua base valores positivos.

No caso da reflexão da coordenadora acima, sabemos que sua fala foi um desabafo, pois tivemos a oportunidade de acompanhar seu trabalho durante dois anos, por ocasião da realização de pesquisa de doutorado[4], e suas atitudes sempre se pautaram por questionamento da própria função, das relações com professores, alunos, pais, direção e sistema educacional, das ações educativas de cada um e dos valores envolvidos.

A construção da autoridade e a formação de valores: ações da coordenação

A autoridade, conforme já dissemos, é construída nas práticas sociais, em um movimento permanente que leve em conta

---
4. As interações na escola e seus significados e sentidos na formação de valores: um estudo sobre o cotidiano escolar. PUC-SP, maio/2004. Essa tese resultou em livro intitulado: *Escola e construção de valores:* desafios à formação do aluno e do professor, São Paulo, Loyola, 2005.

as necessidades, os desejos, os valores dos atores em interação. Logo, ela não está dada, a não ser que se queira mantê-la como lugar do poder.

É preciso que se invista na construção da autoridade, e, segundo o que vimos apresentando, isso implica investir na formação de valores como o respeito, a responsabilidade, a admiração e a autonomia.

Entendemos que o coordenador pedagógico é o profissional, dentro da escola, que pode tomar para si a tarefa de desenvolver processos que viabilizem essa construção e essa formação. Ele pode ser o mediador desse processo, aquele que o propõe, o coordena, mas não é o responsável único por ele, o que deve ser assumido por toda a equipe da escola. De que forma?

Um coordenador comprometido com seu papel de educador, cujos princípios da educação democrática constituem sua concepção do que deve ser a educação, investirá na construção de uma autoridade que exclui a coerção como meio de conquista, exercitando a responsabilidade, o autorrespeito, a autonomia. Utilizará a autoavalição, buscando o desvelamento de seus próprios valores, investindo na formação de professores, favorecendo processos de autoavaliação. Esses processos têm de se voltar para a autoavaliação do ser, do que cada um tem sido, como professor, não para uma autoavaliação das ações, do que se tem feito, do que aparece externamente, como atividade.

A partir de então, de um exercício constante de reflexão sobre os valores próprios e do outro, sobre como os valores se constituem no processo de constituição do sujeito, será possível se voltar para a discussão da autoridade, também em um processo autoavaliativo, em que a autoridade de cada um e do que cada um tem sido emerja.

Em contraposição, o que acontece com a construção de valores quando um coordenador se autoavalia como autoritário, é visto como autoritário pelos demais, concorda com essa avaliação, entende que esse é o único meio de fazer as coisas funcionarem e não se sente mal com esse autojulgamento? Suponhamos que ele saiba que esse tipo de autoridade impede o desenvolvimento da autonomia e da responsabilidade pelos demais atores do processo educativo, que obedecem a suas ordens por medo do que lhes possa acontecer e não porque o respeitam ou admiram.

Suponhamos, também, que os demais atores do processo educativo aparentemente concordem com suas ações e imposições, mas que ele saiba que precisarão ser fiscalizados e cobrados permanentemente, visto que esse tipo de autoridade os regula apenas externamente.

Suponhamos, finalmente, que esse mesmo coordenador tenha clareza de que as relações que ele desenvolve com seus professores são, via de regra, reproduzidas pelos professores com os alunos, sem que, muitas vezes, percebam que as estão reproduzindo. Neste caso, também os alunos estarão submetidos às consequências dessa característica de autoridade, e a formação de valores positivos poderá não se concretizar.

Se, ainda assim, tendo clareza dos três supostos acima, esse coordenador fictício escolhe esse modo de exercer sua autoridade, podemos inferir que seus valores, ou seja, as imagens com que se representa, estão de acordo com os princípios de uma educação autoritária e essa forma de representar-se constitui-se em motivação para suas ações futuras. Nesse caso, ele não veria essas ações como ferindo a ética ou a cidadania. Isso porque, no conjunto das representações de si, nosso coordenador fictício teria valores não morais como mais importantes que os morais: parecer competente, fazer que todos o obedeçam, ser julgado como bom coordenador, ter *status* e poder na escola seriam valores centrais nesse conjunto, em detrimento da responsabilidade, do compromisso, da ética, do autorrespeito, da justiça. Logo, não parecer competente perante os olhos do outro e de si próprio geraria o sentimento de vergonha não moral.

Analisando os dois exemplos de ações autoavaliativas de coordenadores, observa-se, em primeiro lugar, que a autoavaliação não é suficiente para garantir a construção de valores positivos, mas é um ponto de partida importante. Observa-se, ainda, que o grande problema é a diversidade de valores com os quais cada um dos coordenadores se representa, o que interfere, de maneira incontestável, na forma como exercemos a docência, a autoridade.

Lidar com essas diferenças e tomá-las como mais uma razão para a autoavaliação permanente, considerá-las na elaboração dos projetos de trabalho, de planejamento e, sobretudo, nas relações com os alunos é também algo em que o coordenador terá de investir, a partir da observação de suas próprias diferenças e do exercício do respeito em seus encontros com os professores.

Uma segunda ação para a construção da autoridade e a formação de valores passa pela discussão coletiva do projeto político pedagógico da escola, em que a formação de valores e as ações necessárias para ela constituam propostas focadas também na identificação das relações pedagógicas e de autoridade que a escola precisaria construir, a partir do pressuposto da compreensão e do respeito pelo outro e seus valores.

Mas como compreender e respeitar os valores dos outros? Essa seria a temática da terceira linha de ação do coordenador.

Um músico de uma banda jovem de São Paulo, em entrevista recente, dizia o seguinte: "Nós nos juntamos pela afinidade, porque tínhamos um objetivo em comum, e não porque éramos iguais. Só que a afinidade era somente o começo, o ponto de partida para descobrirmos as diferenças de cada um, e crescer com elas. Quando descobrimos que somos diferentes podemos compreender as razões de cada um, as motivações para as atitudes, e não mais avaliar somente atitudes".

Essa fala traduz o que entendemos por valores e seu processo de constituição, formação. É esse modo de ser, ver: como singular no grupo e como grupo no singular. Somente assim podemos investir na formação de valores, sem correr o risco de cair no autoritarismo, em que valores de grupos hegemônicos seriam impostos como os melhores e únicos possíveis, ou na tirania de determinados grupos de alunos, que querem fazer valer seus valores a qualquer custo. Valores se constroem na interação, no exercício cotidiano: os morais e os não morais (ou até imorais), os negativos e os positivos. Refletir sobre eles e agir em conformidade com os valores com que se representa é a possibilidade que se vislumbra, em uma escola em que autoridade e valores se relacionem, reciprocamente, constituindo-se e constituindo alunos e educadores.

Referências bibliográficas

ARAÚJO, U. F. Respeito e autoridade na escola. In: AQUINO, J. G. (org.). *Autoridade e autonomia na escola.* Alternativas teóricas e práticas. São Paulo, Summus, 1999, p. 31-48.

ARENDT, H. *Entre o passado e o futuro.* São Paulo, Perspectiva, 2000.

ELMORE, R. F. Reform and the culture of authority in schools. *Educational Administration quarterly,* v. 23, n. 4 (nov. 1987) 60-78.

LA TAILLE, Y. Autoridade na escola. In: AQUINO, J. G. (org.). *Autoridade e autonomia na escola.* Alternativas teóricas e práticas. São Paulo, Summus, 1999, p. 9-29.

——. A questão da indisciplina: ética, virtudes e educação. In: *Grandes pensadores em educação.* O desafio da aprendizagem da formação moral e da avaliação. Porto Alegre, Mediação, 2001, p. 67-97.

TREVISAN DE SOUZA, V. L. *Escola e construção de valores.* Desafios à formação do aluno e do professor. São Paulo, Loyola, 2005.

O coordenador pedagógico e a questão do cuidar

Laurinda Ramalho de Almeida[1]
laurinda@pucsp.br

1. Introdução

> *"É uma questão de disciplina", me disse mais tarde o Pequeno Príncipe. "Quando a gente acaba de se arrumar toda manhã, precisa cuidar com carinho do planeta."*
> *"Que quer dizer cativar?" "É uma coisa muito esquecida" — disse a raposa. "Significa criar laços."*
>
> Antoine de Saint-Exupéry, O Pequeno Príncipe.

Nosso querido Pequeno Príncipe é um bom exemplo do cuidar em suas várias acepções: tem cuidado consigo mesmo, com sua apresentação logo de manhã e, depois, passa a cuidar de seu pequeno planeta, porque precisa cuidar do que pode acontecer ao espaço onde se passa sua existência; responde com cuidado às perguntas que o aviador lhe faz, ponderando muito sobre elas;

---

1. Doutora em Psicologia da Educação. Vice-coordenadora e professora do Programa de Estudos Pós-Graduados em Educação: Psicologia da Educação – PUC-SP.

cuida dos assuntos do seu novo amigo, aplicando sua atenção, seu julgamento, sua imaginação; cuida-se responsável por sua flor, depois de refletir sobre o que lhe ensinou a raposa: "Quem cativa torna-se responsável". Convém lembrar, neste último caso, que responsável, em sua etimologia (do latim *respondere*), implica dar uma resposta, estabelecer uma relação.

Esses tipos de cuidar que Saint-Exupéry vai apontando ao longo de seu extraordinário encontro com o Pequeno Príncipe remetem-nos à teoria de desenvolvimento de Henri Wallon, médico, psicólogo, pesquisador e professor francês (1879-1962). Wallon nos declara *geneticamente sociais*: "O indivíduo, se ele se apreende como tal, é essencialmente social. Ele o é não em virtude de contingências externas, mas por uma necessidade íntima. Ele o é geneticamente" (Wallon, 1986, p. 165).

Então, se somos geneticamente sociais, constituímo-nos pessoas pelo cuidar do outro. Nesse processo, passamos a abrigar em nós, a internalizar, o outro — que não é um, são muitos, representantes de nosso entorno cultural. Diz Wallon:

> O *socius* ou o outro é um parceiro permanente do eu na vida psíquica. Ele é normalmente reduzido, invisível, recalcado e como que negado pela vontade de dominação e de completa integridade que acompanha o *eu*. Entretanto, toda deliberação, toda indecisão é um diálogo por vezes mais ou menos explícito entre o eu e um oponente. [...] (1986, p. 165).

É por isso que nos remetemos à teoria walloniana nesta discussão. Wallon explicita que nascemos e nos tornamos cada vez mais humanos quanto mais nos enriquecemos com o outro que passa a fazer parte de nós (*socius*). Como? A partir do acolhimento, do cuidado desse outro. A relação de cuidar envolve, necessariamente, a relação *eu–outro*, da qual trata Wallon.

Como seres humanos, necessitamos ser cuidados e cuidar. Cuidar de outra pessoa, no sentido mais significativo, é estar atento ao seu bem-estar, ajudá-la a crescer e atualizar-se, e para isso o outro é essencial. Envolve um "sentir com o outro" — podemos chamar essa disponibilidade de *empatia*: é perceber, mesmo em um leve indício, que algo está faltando ao outro, e que é preciso intervir. Cuidar implica ação (a ação pode ser a decisão de não intervir, em respeito à individualidade do outro, depois de "sentir com", e na confiança de que ele pode encontrar seu próprio caminho). Quando nos tornamos professores, entramos em uma relação de cuidar mais especializada e intencional que a relação *eu–outro* do contexto familiar.

As ações de cuidar, na relação pedagógica, são diferentes conforme o estágio de desenvolvimento do aluno; porém, envolvem sempre o comprometimento, a disponibilidade para conhecer as necessidades do outro naquele momento, naquele contexto determinado. Em termos amplos, o cuidar do professor implica um cuidado constante com o fazer, um cuidado com o conhecimento já construído, um cuidado em fazer do conhecimento um alicerce para os alunos elaborarem projetos de vida éticos, um cuidado consigo mesmo.

Ao aceitar que a escola é o espaço para trabalhar o conhecimento, assumimos que as relações interpessoais, as relações *eu–outro* podem e devem estar comprometidas com o conhecimento e que, portanto, a escola deve ter um olhar especial para o fortalecimento dessas relações. Daí a ênfase que vamos dar a esse aspecto, ao discutir o cuidar. Ao fazê-lo, pensamos principalmente em nos voltar para: a) o ensino fundamental (ampliado para nove anos), porque acreditamos que não só o tempo na escola é importante, mas que a qualidade do uso desse tempo é necessária; b) o ensino médio, porque dele uma parcela significativa de jovens tem se evadido. No entanto, nossa experiência mostra que a discussão trazida aqui vale para todos os níveis de ensino.

2. A formação para o cuidar

> *Trago dentro do meu coração*
> *como num cofre que não se pode fechar de cheio,*
> *todos os lugares onde estive,*
> *todos os portos a que cheguei,*
> *todas as paisagens que vi através de janelas ou vigias,*
> *ou de tombadilhos, sonhando.*
> *E tudo isso, que é tanto, é pouco para o que quero.*
> Fernando Pessoa, *Passagem das horas.*

Nossos pressupostos: 1) a escola é um rico espaço para a formação de seus professores, embora haja outros espaços que devem ser articulados aos objetivos de formação; 2) a escola também deve ser organizada para o cuidar, e a formação para o cuidar deve fazer parte de seus objetivos; 3) o coordenador pedagógico tem uma função formadora, uma articuladora e uma transformadora; como formador, cabe-lhe oferecer orientação pedagógica pela via de seus conhecimentos e pela procura de interlocutores qualificados para seus professores, dentro ou fora da escola, articulando os participantes da equipe escolar, cuidando tanto das relações interpessoais como das relações com o conhecimento. Para que a formação seja transformadora em conhecimentos, sentimentos e ações, é preciso que a proposta de formação tenha referência na atividade cotidiana do professor, que faça sentido para ele.

Citando Capra (2002, p. 123):

> As coisas em que as pessoas prestam atenção são determinadas pelo que essas pessoas são enquanto indivíduos, pelas características culturais de suas comunidades de prática. Não é a intensidade ou a frequência de uma mensagem que vai fazê-la ser ouvida por elas; é o fato de a mensagem ser ou não significativa para elas.

Lembrando mais uma vez a raposa: somente quando sou cativado pela proposta, fico responsável por ela, isto é, dou respostas, a partir das relações que estabeleço.

Com esse espírito, discutiremos o cuidar, enfocando a relação professor–aluno, como subsídio ao coordenador pedagógico nos processos de formação que viabiliza na escola. Falaremos de situações que acontecem no cotidiano da sala de aula, porque esta representa o lugar de trabalho do professor, onde, dominando o conteúdo e sendo gestor das relações interpessoais, realiza uma sequência de atividades, rotinas, movimentos para promover aprendizagens; e porque acreditamos que o principal espaço de autonomia do professor é sua sala de aula, e a maneira como trata seus alunos.

2.1. Cuidar do fazer

> *O que eu vi, sempre, é que toda*
> *ação principia mesmo é por uma palavra pensada.*
> *Palavra pegante, dada ou guardada,*
> *que vai rompendo rumo.*
>
> Guimarães Rosa, Grande sertão: veredas.

O fazer do professor começa com o planejamento de suas aulas, e o primeiro passo é propor seus objetivos — que devem ser valiosos (porque vão colaborar para o desenvolvimento do aluno) e exequíveis (porque passíveis de ser atingidos pelos alunos).

O primeiro cuidado do professor é refletir sobre as consequências de um objetivo que os alunos não têm condições de atingir: a aprendizagem não ocorrerá, mas ocorrerá o rebaixamento da autoestima do aluno. Outro cuidado é refletir que o ponto de partida é diferente para cada aluno, porque suas bagagens são diferentes, e esse ponto deve ser respeitado. É preciso cuidar da proposição dos objetivos, para evitar que o incluído no sistema escolar não se torne um excluído na escola.

Esse ponto remete diretamente à proposta de um conteúdo significativo para o aluno, tanto no sentido de estar ancorado em outros saberes que ele já possui como no sentido de atender às necessidades típicas de seu momento de desenvolvimento.

Passa então para a comunicação do conteúdo selecionado, o que implica a entrada no campo das relações interpessoais. É sobre esse ponto que vamos nos deter, porque nossa experiência e o contato com escolas têm evidenciado que os professores estão clamando pela melhoria dessas relações.

Ao aceitarmos que é possível desenvolver habilidades de relacionamento e/ou comunicação, pensamos ser possível identificar algumas situações que ocorrem no cotidiano da sala de aula e alguns modos de administrá-las. Está implícito que o conteúdo dê conta dos objetivos selecionados e que o professor tenha um bom domínio desse conteúdo.

a) Habilidade de fazer-se próximo do aluno

Um bom manejo de classe parte de um princípio: é preciso ter uma atitude de atenção para captar o que se passa na classe. O aluno precisa sentir a proximidade do professor. A resposta dada por um aluno da então 6ª série do 1º grau noturno de uma escola pública a uma pergunta sobre um projeto que sua escola desenvolvera (Almeida, 1992) até hoje faz parte de minhas reflexões. Quando lhe foi perguntado: "O que foi mais significativo no projeto para você?", a resposta foi imediata: "O professor ter chegado até a terceira carteira" (possivelmente a terceira carteira indicava o lugar em que ele sentava, e que os professores antes da execução do projeto se movimentavam da lousa para a mesa e vice-versa).

Meus acertos e desacertos no cotidiano da sala de aula têm mostrado que sou mais eficiente quando consigo:

— ao apresentar/discutir um assunto para toda a classe, ou supervisionar o trabalho dos alunos, posicionar-me ou movimentar-me de forma que apreenda o que se passa na classe e seja vista por todos; fazer cada aluno sentir que estou falando para ele e não para interlocutores privilegiados (confesso que os tenho, às vezes, por diferentes motivos);

— ao trabalhar com um pequeno grupo, enquanto os demais alunos fazem suas atividades, dirigir-me a todos os seus membros, mas, ao mesmo tempo, estar atenta ao que está acontecendo com os outros alunos;

— ao utilizar recursos tecnológicos, certificar-me de que os recursos estejam adequados às etapas de desenvolvimento do aluno; promover condições para que os observadores possam explorá-los suficientemente (questões formuladas por escrito ou oralmente que mobilizem o aluno a classificar, representar, analisar, sintetizar, ou seja, que desafiem o aluno a buscar soluções diante das mensagens, em vez de assistir a elas passivamente);

— ao planejar qualquer procedimento para atingir meus objetivos, perguntar-me como ele poderá colaborar na aprendizagem dos alunos; perguntar-me também quanto estou confortável para usar este ou aquele tipo de procedimento/recurso.

b) Habilidade de observar, olhar, ouvir

Cabe aqui uma afirmação de Wallon (1975, p. 16):

> Observar é evidentemente registrar o que pode ser verificado. Mas registrar e verificar é ainda analisar, é ordenar o real em fórmulas, é fazer-lhe perguntas. É a observação que permite levantar problemas, mas são os problemas levantados que tornam possível a observação.

Lembrando também que cada um de nós é um intricado de afetos, cognições e movimentos, tenho tentado, com maior ou menor sucesso:

— observar a postura dos alunos — é um indicador potente para demonstrar se o aluno está na aula "por inteiro" ou só "de corpo presente";
— ouvir cada questão formulada pelos alunos — sobre o assunto tratado ou sobre suas necessidades;
— ao fazer uma questão, lembrar-me de que não vou receber a resposta daquela questão, mas daquele aluno;
— não ignorar planos que os alunos apresentam;
— "escutar" a expressão dos alunos: barulhos, cochichos, olhares, temas sobre os quais falam: da matéria, da atividade, dos colegas etc.;
— tentar apreender os sentidos dos movimentos, das palavras e sons, porque revelam os interesses do momento;
— estar atenta à dinâmica da classe, não ignorando a maneira como os alunos se expressam.

Retornando a Wallon, o afetivo (sentimentos e emoções) é um lastro para o cognitivo e vice-versa.

c) Habilidade de responder aos sentimentos

Rogers (1983, p. 7) registra a alegria de ter encontrado pessoas que captaram seus sentimentos:

> Várias vezes em minha vida me senti explodindo diante de problemas insolúveis ou andando em círculos atormentadamente,

ou ainda, em certos períodos, subjugado por sentimentos de desvalorização e desespero. Acho que tive mais sorte que a maioria, por ter encontrado, nesses momentos, pessoas que foram capazes de me ouvir e assim resgatar-me do caos de meus sentimentos. Pessoas que foram capazes de perceber o significado do que eu dizia um pouco além do que era capaz de dizer. Essas pessoas me ouviram sem julgar, diagnosticar, apreciar, avaliar. Apenas me ouviram, esclareceram-me e responderam-me em todos os níveis em que eu me comunicava...

Porque também tive ao meu lado pessoas assim, e reconheço a importância delas em minha formação, tenho tentado, ao trabalhar com a classe toda, com um pequeno grupo ou um só aluno:
— provocar a expressão dos sentimentos, tentando traduzir para os alunos a situação que observei;
— dar aos alunos a possibilidade de se manifestar, expressando meus sentimentos, estimulando os alunos a expressar os seus;
— não criticando, não ameaçando, não ridicularizando, fazendo os alunos entenderem que cuido dos sentimentos deles;
— enfim, o que tenho tentado fazer para responder aos sentimentos dos alunos é colocar-me no lugar deles: "o que eu sentiria se não estivesse preparada para a avaliação?"; "o que eu sentiria se dominasse todo o conteúdo já apresentado?"; "o que eu sentiria se percebesse que o professor me julga incapaz de aprender sua matéria?"; "o que eu sentiria se tentasse ser boa aluna e fosse sempre deixada de lado?"

Algo que tem ficado muito evidente: os alunos percebem quando a preocupação com os sentimentos é legítima ou é artificial. Autenticidade é fundamental.

d) Habilidade de encaminhar soluções

Captados os sentimentos pelo professor, expressos os sentimentos pelos alunos, o que fazer? Tenho vivenciado que esse é o nó górdio da questão, e tenho tentado algumas saídas:

— dialogar com os alunos;
— fazer todos participarem da discussão, para resolver os problemas levantados;
— estabelecer com eles os objetivos, lembrando-me de que os objetivos são tanto meus quanto deles;
— determinar, com a ajuda deles, como atingir objetivos e fazer acordos para sua execução;
— deixar claro que confio na capacidade deles.

Tenho presente alguns "vividos" que me servem de bússola:
— o jeito de ser do professor interfere no jeito de ser do aluno;
— por jeito de ser entendo o professor "por inteiro", com seus afetos, cognições e movimentos, seu jeito de comunicar o conteúdo, o jeito de relacionar-se com os alunos, enfim, o jeito de ser a pessoa do professor; reconheço que não é fácil ser autêntico: ser autêntico é traduzir seus sentimentos com clareza para si e para os outros, sem julgamento; também não é fácil ser empático, colocar-se no lugar do outro, porque estamos acostumados a uma compreensão sempre avaliativa: ser empático é compreender o outro segundo o ponto de vista dele, e não segundo o meu;
— se o professor não confia na capacidade do aluno, em suas potencialidades de desenvolvimento, e não está disposto a viver as incertezas das descobertas que vão surgindo quando se abre para ouvir seu aluno, permitir-lhe a expressão dos sentimentos, captar os sentimentos dele e os seus, fica difícil haver um diálogo verdadeiro e a elaboração de planos conjuntos;
— o aluno capta o professor "por inteiro": não é só a fala do professor que o leva para a frente ou o barra; também seu jeito de falar, de se expressar, de se movimentar.

Enfim, tendo em vista que a dinâmica da classe não pode ser esquecida, e precisa ser compreendida em seu contexto, gostaria de terminar o tópico "Cuidar do fazer" narrando um episódio relatado por uma aluna-professora, considerando-o um incidente crítico digno de análise.

Diogo, aluno de 5ª série do Ensino Fundamental em 2005, segundo a professora de Matemática, perturbava bastante suas aulas: terminado o exercício saía do lugar, ficava conversando com seus colegas, fazia perguntas fora do assunto. A professora constantemente lhe perguntava: "O que acontece com você, menino?", e ele dava de ombros. Certo dia, Diogo encontrou-se com a professora no corredor e lhe disse: "Professora, faz tempo que a senhora não me pergunta o que acontece comigo. A senhora nem notou que agora fico quieto na minha carteira. Sabe? Minha mãe morreu...".

2.2. Cuidar do conhecimento já elaborado

> *[...] mesmo num ensino de massa, e por muito confusas que sejam as relações que o constituem, a educação continua a ser um caso pessoal, um colóquio singular e intermitente: no seio da massa coletiva, estabelece-se um "encontro a dois" entre o aluno isolado e aquele ou aqueles dos seus professores cuja competência reconheceu. Conscientemente ou não, realiza-se um contato, trocam-se sinais, atitudes, palavras. Os diálogos do espírito são furtivos como os do amor, mas tão decisivos como eles.*
>
> Georges Gusdorf, *Professores para quê?*.

Cuidar do conteúdo significa cuidar do que já foi feito, significa um respeito pela cultura e pelo homem que a construiu e foi construído por ela. Significa mostrar que por trás de cada conceito, de cada expressão científica ou artística está um homem, com os instrumentos que representam a síntese de seu momento histórico.

Ao passar o legado do passado, o professor está mostrando ao aluno que a Humanidade não é um conceito abstrato: tanto o homem de ontem como o de hoje — os que nos antecederam, os que aqui estão e os que estão por vir — constituem a Humanidade. A escola é a síntese entre o passado (legado cultural) e o futuro (alternativas de possibilidades), e o professor o mediador entre o conhecimento e o aluno (Almeida, 2005).

Apresentar à criança e ao jovem o que a humanidade já construiu implica também dar-lhes a segurança para não aceitar o conhecimento como algo pronto e acabado, mas como um trampolim para novas conquistas. Dar-lhes a segurança e a oportunidade para questioná-lo, para experimentá-lo, para brincar com ele — brincar na aceitação de que o conhecimento pode ser conquistado com esforço sim, mas também com alegria. Ensinar-lhes que "... a verdade nunca pode ser dádiva de um homem a outro homem. A verdade só pode surgir como resultado de uma busca e de uma luta que cada um de nós tem de travar consigo próprio, por sua própria conta e risco" (Gusdorf, 1967, p. 21).

Quando o aluno sente no professor a disponibilidade, o entusiasmo, a sinceridade para com sua área de conhecimento, mostrando-lhe sua beleza e seu processo de construção, o aluno admira o professor por sua competência. Então, mesmo numa classe de cinquenta alunos acontece o "encontro a dois" de que fala Gusdorf.

Tenho compartilhado a emoção de professores que passam por essa experiência. Vejo, por exemplo, os olhos brilhantes do professor Gustavo dizendo: "Vou lhe contar um segredo, professora. Os professores de matemática também amam e querem ser amados. E querem fazer de seus alunos amantes e mais do que amantes da matemática. Por isso, cuido muito bem de minhas aulas e de meu aluno". E continua, depois de contar que faz parte, como voluntário, de um grupo de estudos sobre inclusão em sua escola: "Minha maior alegria, como professor, será quando conseguir transpor uma estrutura matemática de domínio geral dos alunos para uma linguagem que seja acessível a alunos com e sem deficiência".

2.3. Cuidar da elaboração de projetos de vida éticos

O conteúdo do ensino e, também, seus métodos e disciplina escolar são os meios permanentes e normais para dar à criança o gosto pela verdade,

> a objetividade do juízo, o espírito de livre exame
> e o senso crítico que farão dela um homem que
> escolherá suas opiniões e seus atos.
>
> Plano Langevin-Wallon

Lembramos que nossa proposta foi refletir sobre o cuidar no segmento do Ensino Fundamental e Médio, um período em que, estando os alunos na idade escolar adequada, sem defasagem idade-série, se encontram no estágio categorial e posteriormente no estágio da puberdade e adolescência, segundo a periodização proposta por Wallon para os estágios de desenvolvimento. De acordo com esse autor, por volta dos seis a onze anos a criança encontra-se no período categorial, período que coincide com o primeiro ciclo do Ensino Fundamental. Nesse estágio, a criança continua a se desenvolver tanto no plano motor como no afetivo, mas é principalmente no plano intelectual que ocorrem os maiores avanços. Com a maturação dos centros nervosos que permitem o controle da memória voluntária e da atenção, a criança tem a capacidade de manter-se concentrada, de selecionar entre múltiplos estímulos os que mais lhe interessam. Deparando com meios, grupos e interesses variados, exerce diferentes papéis, tendo de adequar sua conduta a diferentes situações. Ao final do período, chega ao pensamento categorial, com a capacidade de organização do mundo em categorias bem definidas, e uma compreensão mais nítida de si.

Esse longo período será mais bem-sucedido em termos de desenvolvimento se contar com os cuidados do professor, especialmente, para:

— levar em conta o que o aluno já sabe e o que precisa para dominar certos conceitos;
— propor procedimentos adequados para apresentação do conteúdo (individuais e grupais);
— estar atento à dinâmica das relações entre as crianças, nos processos de acolhimento ou de exclusão;
— estar atento ao fato de que o clima da classe é gerado pelas inter-relações professor–alunos e alunos–alunos, e ele, professor, é também modelo para essas relações;

— expressar receptividade ao outro — igual ou diferente —, cooperação, generosidade, solidariedade. São valores aprendidos quando vividos, compartilhados na relação eu–outro e fundamentais para a escolha de projetos de vida futuros; não são aprendidos pelo discurso, pela apresentação de informações apenas.

Se no período categorial o objetivo principal é a exploração do mundo, a partir dos onze anos, na puberdade e adolescência, vai aparecer com força a exploração de si mesmo. O domínio de categorias cognitivas de maior nível de abstração, fortalecido com a dimensão temporal, possibilitará uma discriminação mais clara dos limites de autonomia e dependência. Ações de questionamento, contrapondo-se aos valores tais como apresentados pelos adultos, com apoio dos pares, são frequentes. As grandes perguntas que surgem: "Quem sou eu? Quais são meus valores? Quem serei no futuro?", provocam ambiguidades de sentimentos e ações.

Para as respostas a essas questões, o *socius* (o outro internalizado) tem papel importante. Papel importante tem também o professor, na medida em que aceita que os conflitos fazem parte do desenvolvimento e não devem ser camuflados; em que aceita os sentimentos ambivalentes do adolescente na busca de uma identidade autônoma; em que oferece recursos para os jovens exercitarem seu desejo de aventuras e mudanças, propondo projetos sociais, estimulando a cooperação, a solidariedade, a justiça social.

Enfim, não podemos esquecer que nós, professores, temos um poder muito grande, porque, como "outro significativo", somos agentes éticos. Quando pedimos gentilmente a um aluno uma clarificação da questão, uma contribuição para a classe, quando dizemos ao aluno "eu sei que você pode fazer melhor" ou "eu sei que você pode ajudar seu colega", estamos transmitindo valores. Quando recebemos e aceitamos os sentimentos do aluno sobre a matéria, percebendo-a através dos seus olhos e ouvidos, procurando atender às necessidades que os sentimentos expressam, transmitimos valores. Quando aceitamos que cada aluno deseja ter competência em seu mundo e tentamos fornecê-la, estamos transmitindo valores. Quando procuramos entender os motivos de nosso aluno e dialogamos com ele para mostrar-lhe que vão contra nossa própria ética, e por isso não podemos atendê-los, estamos transmitindo valores.

Ética não é dar um catálogo de regras: é discutir com os alunos o que seus atos significam em termos de necessidades, sentimentos, consequências e projetos de vida seus e dos outros. Acima de tudo, é vivê-la, em sua relação com o aluno. É esse o cuidar do professor, colocando o conhecimento e a dinâmica da classe a serviço da elaboração de projetos de vida éticos, para que o jovem possa optar e lutar por seus valores, "para escolher suas opiniões e seus atos", de acordo com eles.

2.4. Cuidar de si mesmo

Baila o trigo quando há vento
Baila quando o vento o toca
Também baila o pensamento
Quando o coração provoca.
Fernando Pessoa, "Quadras ao gosto popular".

Para cuidar bem do outro, é preciso cuidar-se. O que pode o professor fazer para cuidar bem de si?
- prestar atenção em si mesmo, garantir mais tempo para maior contato consigo mesmo;
- procurar identificar as situações provocadoras de sentimentos positivos e negativos:
— o que me afeta na sala de aula e na escola?
— por que alguns alunos me equilibram e outros me desequilibram?
— o que me torna mais seguro, mais confiante em mim mesmo, mais enfrentador de dificuldades?
— o que me torna mais aceitador, mais flexível?
— quais sentimentos me fazem avançar e quais tolhem minhas ações?
- procurar identificar os sentidos que seu trabalho tem para si:
— como entendo meu trabalho?

— o que mais me gratifica no trabalho?
— qual é meu lugar de conforto no trabalho?
— quais propostas formadoras fazem sentido para mim, em função de minhas necessidades e aspirações?

- aceitar-se como pessoa concreta que é, sujeita a limitações de condições internas (valores, crenças, expectativas) e de condições externas (pressões, ambiente perturbador dentro e fora da escola);
- procurar identificar seu jeito de ser, fruto de sua história — experiências, leituras, trocas, crenças —, e refletir se esse jeito o satisfaz ou se alguma mudança deve ser tentada;
- compartilhar com seus pares suas certezas e dúvidas;
- aprender a administrar seu tempo, para não ter só trabalho;
- manter contato com grupos de afiliação;
- enfrentar os obstáculos que surgem, buscando a ajuda do coletivo;
- ser despojado: não propor objetivos inatingíveis.

Vale a pena lembrar o estudo realizado por Codo (1999), que, a partir de pesquisa sob sua coordenação sobre condições de trabalho e saúde mental de trabalhadores em educação no país, investigou professores, funcionários e especialistas em educação, em 1.440 escolas espalhadas por todos os estados. Concluiu que a não satisfação de suas necessidades afetivas pode levá-los ao *burnout* — estresse laboral, "síndrome da desistência do educador". As origens do *burnout* — que fazem a diferença entre o prazer e o sofrimento no trabalho do professor — identificadas em sua pesquisa referem-se basicamente ao "conflito afeto *versus* razão", às "relações sociais" que envolvem o trabalho do professor e ao "controle sobre o meio".

Os dados evidenciam que o caráter de cuidado é inerente ao trabalho do professor, pois seu objetivo é suprir as necessidades do outro e as suas, num espaço afetivo intenso. Há conteúdos a cumprir, tópicos a ser seguidos, pressões de várias ordens. A equação entre afeto e razão, se bem resolvida, é uma grande fonte de prazer no trabalho; porém, se mal resolvida (e uma das formas é "esfriar" a mediação pelo afeto), exaure emocionalmente o professor, que se defende com a perda do envolvimento pessoal no trabalho, transformando cada aluno em um número a mais, isto é, entra em *burnout*.

Os resultados da pesquisa indicam, fortemente, quanto a "comunidade em torno" (o que acontece ao redor da escola e do aluno, o que ocorre na comunidade, o que é trazido pela mídia) invade a aula do professor e revela outro grupo de tensões: o que e como o professor comunica pode gerar tensões pela importância do papel que lhe é atribuído e pela imprevisibilidade dos acontecimentos.

Os depoimentos dos professores evidenciam ainda um terceiro eixo de tensões: o controle sobre seu trabalho e sobre o meio ambiente, que pode lhes trazer prazer mas também sofrimento; a perda do controle sobre a classe, sobre o meio escolar, traz a desesperança, a impotência, que podem levar ao *burnout*.

Por que a referência à pesquisa de Codo? Porque, se o professor se sente derrotado por não conseguir atingir os objetivos propostos e vê sua relação deteriorada com os alunos, pode caminhar para a perda de seus recursos pessoais, para a despersonalização, a exaustão emocional e o baixo envolvimento no trabalho.

Cuidar de si mesmo, voltar-se para si mesmo, conhecer-se melhor, ter um grupo de referência e de apoio, dar-se tempo para afiliações, participar de momentos de discussão em que é escancarada a complexidade do cotidiano escolar ajudam-no a vencer momentos de desânimo e impotência, que fazem parte do processo ensino-aprendizagem.

3. Em jeito de conclusão

Todos os dias havia uma criança indo adiante,
E o primeiro objeto para o qual
ela olhava, nele se transformava,
E aquele objeto tornava-se parte dela durante o dia ou
durante uma parte do dia,
Ou por muitos anos, ou isso se estendia
por ciclos de anos.
[...]

> *Tudo isso se tornou parte daquela criança que ia adiante todos os dias, e que agora vai, e sempre irá em frente, todos os dias.*
> Walt Whitman, Folhas de relva.

O pressuposto que norteou nossa discussão foi: a questão do cuidar é importante em todos os níveis de ensino. É certo que as nuanças do cuidar serão diferentes em função do estágio de desenvolvimento do aluno, que impõe necessidades diferentes e formas diferentes de atendimento.

Focalizamos a relação professor–aluno–conhecimento porque esse é o esteio para que a escola dê conta de sua função. No entanto, ao considerarmos que a escola é um espaço privilegiado para a formação de professores, e que uma das funções do coordenador pedagógico é a formadora, os tópicos que escolhemos para discutir o cuidar valem igualmente para a relação coordenador–professores–conhecimento.

O coordenador, tal qual o professor, tem uma tarefa que implica, e talvez dobrado, grande investimento afetivo. Cuidar de seu fazer, cuidar do conhecimento já elaborado, cuidar de seus professores requer envolvimento e desgaste emocional. O compromisso com o desenvolvimento dos professores, que envolve relações com alunos, família e comunidade, pode resultar, sim, produtivo e prazeroso, mas não deixa de ser desgastante. As relações humanas, as relações interpessoais são sempre muito delicadas. Não é fácil conviver com a diferença, aceitá-la, aproveitá-la como recurso. Não é fácil conviver com situações previsíveis e imprevisíveis do cotidiano escolar, principalmente por causa da diversidade e da multiplicidade.

Ao discutir a questão do cuidar, estamos dando ao coordenador pedagógico mais uma incumbência, mais um desafio: contribuir para fazer da escola um fator de proteção para crianças e jovens, ao lhes propiciar relacionamentos confortáveis com seus pares e professores e fortalecimento de vínculos, pois assim, respaldadas por atitudes de respeito, aceitação e não rejeição, podem usufruir favoravelmente das oportunidades que a escola lhes oferece para o desenvolvimento cognitivo e afetivo. Pesquisas (algumas relatadas por Lisboa e Koller, 2004) que exploraram o conceito de *bullying* (vitimização), largamente empregado na literatura internacional, mostram como a experiência de ser vitimizado, exposto, de forma mais ou menos frequente, ao longo do tempo, a ações negativas por parte de um ou mais alunos não é facilmente superada e pode tornar-se um estigma. O coordenador pedagógico precisa evidenciar aos professores e demais agentes educativos que situações aparentemente corriqueiras podem ser devastadoras para alguns: brincadeiras, divertidas para os que as propõem, podem ser dolorosas e danosas para quem as recebe; palavras podem machucar; apelidos podem deixar marcas profundas. Enfim, mostrar que compete a eles, adultos mais experientes e mais bem informados, tutelar as relações interpessoais de crianças e jovens na escola — na sala de aula e fora dela. Não se trata de intervir, mas de cuidar, evitando excessos, mostrando alternativas adequadas. A escola é uma oficina de convivência, e seus profissionais devem cuidar para que a convivência seja saudável e provocadora de desenvolvimento.

O coordenador pedagógico (emprestamos de Merleau-Ponty, 1993, as características que vê nos filósofos) precisa ter inseparavelmente o gosto da evidência e o sentido da ambiguidade.

Com toda a ambiguidade e complexidade do cotidiano escolar, há evidências de que:

— Qualquer aprendizagem significativa envolve mudança, e a mudança é uma experiência assustadora; porém, se gera um resultado gratificante, o professor permite-se o risco de mudar, abrindo-se para novas experiências.

— Como profissional, o coordenador é um especialista em possibilidades de desenvolvimento, e se analisar, com o grupo de professores, tanto os recursos do grupo como as alternativas de superação dos obstáculos que se opõem ao desenvolvimento, terá maiores garantias de sucesso.

— A sensibilidade para o cuidar não é conseguida por discursos, mas pode ser alertada na e pela experiência.

Neste ponto, uma questão se coloca: quem vai cuidar para que o coordenador pedagógico possa desempenhar suas atividades?

Entendemos que o cuidado pressupõe reciprocidade; quando me proponho a cuidar, recebo respostas de cuidado em meu entorno. Julgamos, porém, que cabe às instâncias superiores à escola (em decorrência de políticas públicas) oferecer ao coordenador recursos para um desempenho satisfatório e cuidados com sua formação. Atribuir-lhe responsabilidades sem as condições necessárias para as respostas adequadas é negar-lhe esse cuidar.

Tentando um fechamento para este artigo, na expectativa de que o diálogo continue, selecionamos as falas de duas coordenadoras pedagógicas da rede pública presentes em um encontro de formação do qual participamos:

1. Quando me perguntam por que eu consigo as coisas na escola, por que eu tenho tanto poder, respondo: Porque tenho o grupo ao meu lado, e eu tenho porque aprendi a ouvir as pessoas, a filtrar as informações, a evitar as fofocas, a dar retorno, mesmo que seja para dizer: Não consegui. Não posso. Aprendi a confiar e a receber a confiança do grupo. Aprendi a cuidar do grupo, das pessoas e do nosso espaço de reuniões.

2. Escola tratar os professores com hospitalidade? Imagine! Reinventar a escola? Isso é pura utopia!

Às afirmações das duas coordenadoras pedagógicas, acrescentamos a de um escritor uruguaio, Eduardo Galeano (1994): "Ela está no horizonte [...]. Me aproximo dois passos, ela se afasta dois passos. Caminho dez passos e o horizonte corre dez passos. Por mais que eu caminhe, jamais a alcançarei. Para que serve a utopia? Serve para isso: para caminhar".

Referências bibliográficas

ALMEIDA, L. R. *O projeto noturno*. Incursões no vivido por educadores e alunos de escolas públicas que tentaram um jeito novo de caminhar. Tese (Doutorado em Psicologia da Educação). São Paulo, Pontifícia Univerdidade Católica, 1992.

———. Wallon e a educação. In: MAHONEY e ALMEIDA (orgs.). *Henri Wallon*. Psicologia e educação. São Paulo, Loyola, 2006.

CAPRA, F. *As conexões ocultas*. Ciência para uma vida sustentável. São Paulo, Cultrix, 2002.

CODO, W. *Educação, carinho e trabalho*. Petrópolis, Vozes/Brasília, CNTE, Universidade de Brasília, 1999.

GALEANO, E. *As palavras andantes*. Porto Alegre, L&M, 1994.

GUIMARÃES ROSA, J. *Grande sertão: veredas*. Rio de Janeiro, Nova Fronteira, 1984.

GUSDORF, G. *Professores para quê?*. Lisboa, Moraes Editora, 1970.

LISBOA, C.; KOLLER, S. H. Interações na escola e processos de aprendizagem: fatores de risco e proteção. In: BORUCHOVITCH, E.; BZUNECK, J. A. (orgs.). *Aprendizagem*. Processos psicológicos e o contexto social na escola. Petrópolis, Vozes, 2004.

MERLEAU-PONTY, M. *Elogio da filosofia*. Lisboa, Guimarães Editores, 1993.

PESSOA, F. *Obra poética*. Rio de Janeiro, Nova Aguilar, 1992.

PLANO LANGEVIN-WALLON. In: MERANI, A. L. *Psicologia y Pedagogia*. México, DF, Grijalbo, 1969.

ROGERS, C. *Um jeito de ser*. São Paulo, EPU, 1983.

SAINT-EXUPERY, A. *O pequeno príncipe*. Rio de Janeiro, Agir, 1996.

WALLON, H. Psicologia e educação da infância. In: Wallon, H. *Psicologia e educação da infância*. Lisboa, Estampa, 1975.

——. O papel do outro na consciência do eu. In: WEREBE, M. J.; NADEL-BRULFERT, J. (orgs.). *Henri Wallon*. São Paulo, Ática, 1986.

WHITMAN, W. *Folhas de relva*. São Paulo, Martin Claret, 2005.

O coordenador pedagógico
e a questão do protagonismo juvenil

Francisco Carlos Franco[1]
franciscofranco@itelefonica.com.br

Neste breve ensaio, enfocamos o protagonismo juvenil no contexto escolar e a importância dos professores coordenadores de turma e do coordenador pedagógico nesse processo, pois acreditamos ser a escola um local privilegiado para que os jovens vivenciem e experienciem situações de participação democrática, na busca de uma cidadania que não só lhes possibilite atuar e se movimentar no mundo de maneira mais autônoma e solidária, mas também lhes permita reconhecer a relatividade dessa liberdade que a própria convivência social exige.

A palavra "protagonismo" tem origem grega (*protos* significa "o principal", e *agonistas*, "o lutador"). No dicionário *Aurélio*, o termo apresenta a seguinte definição: "Pessoa que desempenha ou ocupa o primeiro lugar de um acontecimento". Quando nos referimos ao protagonismo juvenil, estamos nos reportando à atuação

---

1. Doutor em Educação: Psicologia da Educação pela Pontifícia Universidade Católica — PUC-SP. Professor da Universidade Braz Cubas — Mogi das Cruzes/SP e da UNISUZ — Faculdade Bandeirantes de Suzano/SP.

cidadã do jovem que vise ao bem comum, o que pode ocorrer nas igrejas, nas associações, nos clubes, entre outros espaços.

A busca de uma educação que propicie ao educando o desenvolvimento de sua autonomia e a solidariedade, entre outros aspectos, é um desafio da atualidade, pois no século XX, segundo Costa (1999), o mundo capitalista teve como referência um ideal de homem autônomo e pouco solidário, perspectiva oposta à dos países socialistas, que cultivavam um homem solidário, mas muito pouco autônomo. Nos dias atuais, o grande desafio está na formação de um homem autônomo e solidário, "[...] aproveitando, assim, o melhor dos dois mundos: os ideais de liberdade do Ocidente e os ideais de solidariedade que inspiraram o mundo socialista" (Costa, 1999, p. 179).

Tais ideais, de autonomia e solidariedade, são contemplados nos projetos educacionais de muitas escolas de Educação Básica, nos quais constatamos com frequência o desejo dos educadores de formar um cidadão crítico, criativo, solidário, que seja um agente de transformação e atue de maneira autônoma e responsável no meio social. Porém, percebemos que muitos desses parâmetros ainda são um desafio para boa parte dos espaços educacionais, pois os educadores não conseguiram ir além do discurso, de modo que muitos membros da equipe diretiva da escola (gestores, coordenadores...) têm dificuldade de propor e desenvolver ações concretas que respaldem tal desenvolvimento. Isso se deve, em boa parte, à falta de experiência democrática que ao longo do tempo impregnou a estrutura educacional em nosso país e ainda hoje se faz presente em muitas instituições de ensino.

Hoje, o grande desafio é superar essa situação, uma vez que já temos clareza de que não basta uma educação escolar que somente dê acesso ao conhecimento. Essa dimensão é fundamental, mas, se não vier acompanhada de outras vivências e experiências, não será facilitado o acesso às ferramentas necessárias para que o jovem tenha uma participação autêntica.

Nesse contexto, é preciso que a escola favoreça ao educando momentos para que possa ser protagonista nos processos decisórios de aprendizagem e de organização de ações, tendo clareza dos tempos e espaços disponíveis e das dimensões em que essa participação pode ocorrer.

Aqui, focalizamos, entre as várias possibilidades de participação ativa do jovem no contexto escolar, três âmbitos que consideramos propícios para que o protagonismo juvenil seja efetivamente concretizado no cotidiano das escolas:
- no processo de ensino-aprendizagem em sala de aula;
- na valorização da cultura do jovem e de sua comunidade e
- nas instâncias decisórias institucionais.

O protagonismo e o processo de ensino-aprendizagem

> *Das mãos nascem as perguntas. Da cabeça nascem as respostas. Se a mão não pergunta, a cabeça não pensa.*
> Rubem Alves

A primeira dimensão possível para que o protagonismo juvenil esteja presente na escola é no processo de ensino-aprendizagem que, em grande parte, é incrementado em sala de aula, na relação direta entre educador e educando. Nessa perspectiva, entendemos o professor como um mediador de conhecimentos, vivências e experiências, que pautará suas ações de forma dialógica e democrática, objetivando a construção da autonomia do jovem por meio de propostas que possibilitem desenvolvimento de suas competências cognitivas, pessoais, sociais, emocionais e produtivas.

Assim, no processo de ensino-aprendizagem, o jovem pode

> Empreender, ele próprio, a construção de seu ser: esse é o momento da afirmação da subjetividade do educando. É assim que ele troca a condição de ator de um roteiro determinado por circunstâncias e vontades alheias à sua vontade pela condição de autor, em medida progressiva, de seu próprio destino. É por isso que em nossa visão do processo educativo o papel do educando é educar-se e o do educador ajudá-lo nessa tarefa (Costa, 1999, p. 178).

Disponibilizar o conhecimento aos alunos de forma descontextualizada, concebendo os educandos como simples receptores de "verdades absolutas", dificulta a atribuição de sentido aos saberes que a escola vincula às práticas individuais e sociais, não atendendo às necessidades reais dos jovens e da sociedade, um jovem que "[...] se apropria dos saberes e os traduz na transformação e materialização de algo que se interioriza e transbordou para o outro e para o mundo" (Pilloto, 2001, p. 15).

Uma educação escolar que possibilite ao jovem contemplar o meio físico e social, descobrindo suas grandezas, contradições, incoerências, misérias etc., modificando as relações que estabelece com o entorno, ampliando "seu olhar" para as necessidades, vislumbrando possibilidades de superação e para a mudança, é aquela que reconhece o protagonismo juvenil como modalidade educativa, criando " [...] espaços e condições capazes de possibilitar aos jovens envolverem-se em atividades direcionadas à solução de problemas reais, atuando como fonte de iniciativa, liberdade e compromisso" (Costa, 1999, p. 179).

Conceber uma educação escolar em sintonia com o protagonismo juvenil requer estratégias e procedimentos em sala de aula e em outros espaços e momentos na rotina da escola, que considerem o potencial do jovem para planejar, organizar, desenvolver e avaliar ações, mediadas pelo professor, o que pode se efetivar, entre outras ações educativas, por meio da pedagogia de projetos, pois

> Os projetos não aparecem como panaceias, por certo, mas vale a pena chamar a atenção para o papel que poderiam representar no esforço em direção a aprendizagens significativas e a própria função essencial da escola na formação do cidadão (Lüdke, 2002, p. 68).

O trabalho com projetos sinaliza para a possibilidade de superar algumas posturas e certos procedimentos que inibem o protagonismo do jovem no processo educacional. Esse protagonismo, segundo Lüdke (2002, p. 68-75), favorece o processo de:
- romper com o esquema tradicional por meio de disciplinas;
- reunir o que o aluno já aprendeu e o que pode ser compreendido, nos vários campos do conhecimento;
- propiciar a participação ativa dos educandos, superando a passividade do modelo escolar tradicional;

- incentivar a construção do conhecimento por meio da investigação própria dos alunos;
- articular ações entre o trabalho individual e o coletivo, valorizando atitudes e comportamentos sociais.

Reorientar o currículo escolar com o trabalho por projetos estimula a introdução de atividades mais dinâmicas e significativas no processo de ensino-aprendizagem. Porém, os educadores e a equipe diretiva da escola devem ter a clareza de seus objetivos e zelar para que os projetos didáticos sejam orientados pelo projeto educacional da escola, que deve ser o fruto do "sonho de escola" construído pelo coletivo da comunidade escolar, ou seja, por pais, alunos, professores, funcionários etc.

Tendo essa referência como parâmetro para nortear o processo educacional, a escola evitará os modismos e a inserção de "projetos alienígenas", geralmente incorporados em muitas unidades escolares, sem uma reflexão sobre a adequação ou não ao projeto de escola e aos desejos e anseios da comunidade escolar.

O importante é que os projetos sejam gerados na escola, aproximando o conhecimento às necessidades dos alunos e dos professores, numa perspectiva participativa e cooperativa, em que o aluno seja corresponsável pelo projeto desde seu planejamento até a avaliação, protagonista de ações concretas, estabelecendo uma relação de segurança com seu próprio desenvolvimento individual e ampliando a percepção de sua responsabilidade com o coletivo. Assim sendo,

> Os projetos não podem ser encarados como junções de atividades programadas pelo professor, o qual sai depois distribuindo deveres aos seus alunos, determinando o que cada um vai fazer etc. É óbvio que isso para o aluno não é um projeto, mas sim mais uma tarefa que alguém determinou que ele realizasse, e justamente por isso alguns (pseudo)projetos não demonstram resultados eficazes e não motivam os alunos (Nogueira, 2001, p. 83).

O trabalho com projetos, além de estimular o jovem para a construção de sua autonomia e propiciar espaços para que seja protagonista em seu processo de aprendizagem, tem o potencial para ampliar as fontes de informação, viabilizando a inserção no espaço educacional de outras agências e instituições presentes na comunidade, potencializando a ação educativa, pois

> Com os projetos é possível que se desenvolva na escola um jeito mais aberto para todas as fontes de informação e de formação acessíveis aos estudantes. Além das famílias, são importantes nesse contexto as igrejas, os clubes, as associações profissionais, as ONGs, as bibliotecas, os museus, enfim, todas as instituições que possam ajudar a escola e seus alunos na busca do conhecimento necessário para sua formação (Lüdke, 2003, p. 73).

Ampliando seus parceiros no desenvolvimento de projetos, a escola possibilita o acesso dos jovens à diversidade de culturas presente em nossa sociedade e de sua própria cultura, raramente valorizada no contexto escolar.

A valorização da cultura do jovem e de sua comunidade

Ao afirmar que o homem se escolhe a si mesmo, queremos dizer que cada um de nós se escolhe, mas queremos dizer também que, escolhendo-se, ele escolhe a todos os homens.

J. P. Sartre

Um dos aspectos importantes para que o protagonismo juvenil seja uma realidade nos espaços educacionais é a valorização da cultura do jovem e de sua comunidade, pois um dos grandes problemas que a escola enfrenta na atualidade provém da falta de sentido entre os conhecimentos que a escola veicula e a realidade social do aluno. Os alunos não se sentem presentes no mundo que a escola lhes apresenta. Suas manifestações culturais e sua maneira de ser raramente são valorizadas no espaço escolar, podendo até ser aceitas como pitorescas, coisas da juventude etc., mas nunca em sua real dimensão, ou seja, como uma gama de representações que evidenciam a leitura de mundo que o jovem faz e do como está se posicionando diante da realidade social que a ele se apresenta. Essa postura nos reporta a pensar que

> Não é possível respeito aos educandos, à sua dignidade, ao seu ser formando-se, à sua identidade fazendo-se, se não se levam em consideração as condições em que eles vêm existindo, se não se reconhece a importância dos "conhecimentos de experiências feitas" com que chegam à escola. O respeito devido à dignidade do educando não permite subestimar, pior ainda, zombar do saber que ele traz consigo para a escola (Freire, 1997, p. 64).

O respeito ao jovem se dá também por meio da valorização de sua cultura, que tem seus códigos próprios manifestos em sua linguagem, em suas formas de expressão, em suas imagens e seus estilos, em sua maneira de vestir, nas músicas que ouve etc. Cabe à escola acolher essa riqueza de manifestações, mais ainda, abrir espaço para que ela seja manifestada também no ambiente escolar. O respeito a toda diversidade presente na cultura do jovem e da comunidade em que está inserido significa, antes de tudo, respeitá-lo como cidadão em seu direito à participação e interferência na organização social, democratizando o espaço da escola para que as manifestações culturais locais estejam presentes, valorizando as pessoas, suas experiências e seus conhecimentos, contrapondo-se ao processo da massificação da cultura que vem se impondo em nossa sociedade, postura presente em muitos momentos nas unidades escolares.

O ideal é que a cultura erudita, a cultura regional e a cultura do jovem estejam atuando de forma integrada na escola nos processos de ensino-aprendizagem em sala de aula, expandindo-se também por meio de mostras de artes visuais, *shows* musicais etc., propiciando momentos para que as manifestações artísticas locais estejam presentes, considerando o jovem não apenas como consumidor de cultura, mas como produtor de cultura.

Além de valorizar e abrir espaço para que a cultura regional e a do jovem estejam presentes na escola, é imprescindível disponibilizar aos jovens os bens culturais considerados de interesse comum, o que verificamos ocorrer em algumas escolas em fins de semana ou ser promovido e incentivado por redes de ensino, com mostras de artes visuais, *shows* musicais, espetáculos de teatro, mostras de cinema etc., como também por meio de cursos de diversas linguagens artísticas e atividades desportivas, garantindo aos jovens e à população local o acesso aos códigos da cultura erudita e ao lazer.

Vale lembrar que grande parte dos bairros periféricos das cidades brasileiras não tem espaços culturais e esportivos para que a população, principalmente os jovens, possa mostrar sua cultura, e nem ao menos propicia o acesso aos bens culturais e de lazer, ficando grande parte das pessoas à margem de toda essa produção erudita, caracterizando-se um verdadeiro "*apartheid* cultural", e desconsiderando-se que

> Todas as classes têm direito de acesso aos códigos da cultura erudita porque esses são os códigos dominantes — os códigos do poder. É necessário conhecê-los, ser versado neles, mas tais códigos continuarão a ser um conhecimento exterior a não ser que o indivíduo tenha dominado as referências culturais da própria classe social, a porta de entrada para a assimilação do "outro". A mobilidade social depende da inter-relação entre os códigos culturais das diferentes classes sociais (Barbosa, 1998, p. 15).

Entretanto, para que o jovem tenha espaço para atuar como protagonista, tanto em sala de aula como em ações de valorização da cultura e do lazer na escola, é preciso que encontre alternativas e vislumbre em que dimensões essa participação pode ocorrer.

Formas e instâncias de participação

> *Aqueles que falam de modo democrático precisam silenciar-se para permitir que a voz daqueles que devem ser ouvidos emerja.*
> Paulo Freire

As possibilidades de participação dos jovens como protagonistas e corresponsáveis pelo processo educacional, decisório e organizacional são múltiplas, devendo ser potencializadas de acordo com o projeto educacional da escola e os desejos, anseios e necessidades dos alunos e dos professores.

Porém, é importante que a participação seja efetiva, pois em muitos momentos os estudantes são chamados para marcar presença em atividades planejadas e organizadas pelos adultos, tendo uma participação apenas decorativa, ou então para exercer uma ação operacional de atividades que pouco sentido fazem para os educandos. Não podemos confundir o protagonismo juvenil com palestras, reforço escolar etc., que são ações importantes mas não se caracterizam como ações protagônicas.

Para que o jovem chegue a ter uma participação autônoma, é preciso que vivencie situações que irão, de maneira gradativa, possibilitar sua atuação com maior independência, passando por instâncias participativas que, segundo Costa (1999), caracterizam o relacionamento entre jovens e adultos na busca da emancipação dos alunos; são elas:

> Dependência: os educadores assumem a direção das ações, cabendo aos adolescentes apenas segui-las e obedecê-las, atuando sob tutela;
>
> Colaboração: educando e educadores compartilham, através de discussões, reflexões conjuntas e decisões partilhadas, todas as etapas do desenvolvimento de uma ação protagônica;
>
> Autonomia: estágio avançado de protagonismo, no qual os educandos já se desincumbem de todas as etapas de uma ação protagônica sem que seja necessário o envolvimento dos educadores (Costa, 1999, p. 182).

O aprendizado em busca de autonomia carece do acompanhamento do adulto, visto que é um processo que necessita paciência, pois os jovens podem cometer equívocos, precipitações etc., que devem ser acolhidos, pensados, avaliados e redimensionados, a fim de que educadores e educandos em conjunto busquem soluções para superar as dificuldades e/ou entraves que se apresentem.

Deixar os jovens sozinhos, principalmente os que ainda não desenvolveram sua autonomia, em ações protagônicas é abandono, pior ainda, é expô-los a situações de fracasso que os desmotivam em suas empreitadas. Esse é um dos motivos pelos quais, em muitas escolas, os grêmios estudantis começaram com grande vigor e, aos poucos, foram se esvaziando, chegando até mesmo a ser extintos.

O grêmio estudantil é o espaço institucionalizado que permite aos jovens organizar-se, rompendo com relações hierarquizadas de poder, incentivando o debate e estreitando a comunicação entre os próprios alunos e entre os alunos e os professores e a equipe diretiva da escola. Será por meio do grêmio que os representantes e lideranças dos estudantes terão voz; esse será um canal para que suas inquietações e necessidades sejam encaminhadas e explicitadas junto à direção e à coordenação pedagógica da escola.

Além de ter o potencial de abrir o debate para questões cotidianas da escola, o grêmio estudantil se apresenta como uma representação legítima para planejar, organizar e desenvolver atividades esportivas, culturais e lazer no espaço escolar, estimulando ações coletivas e em sintonia com a comunidade em que a escola está inserida.

O protagonismo juvenil e a coordenação pedagógica e de turma

> *O valor das coisas não está no tempo que elas duram, mas na intensidade com que acontecem. Por isso existem momentos inesquecíveis, coisas inexplicáveis e pessoas incomparáveis.*
> Fernando Pessoa

Todas as possibilidades para que o protagonismo juvenil se efetive na escola até agora elencadas só serão uma realidade se funcionários, docentes e equipe diretiva da escola primarem por uma postura democrática, que incentive e viabilize espaços para essa participação.

Entre as várias lideranças que concorrem para que ações protagônicas aconteçam no âmbito escolar, merece destaque a figura do coordenador pedagógico, que, pela própria especificidade de sua função, tem o potencial de ser o "maestro" que irá organizar e articular os envolvidos no processo, pois é o coordenador que:

- tem um contato direto com os professores de todos os períodos e acompanha de maneira mais próxima o processo de ensino-aprendizagem de todas as salas;
- relaciona-se cotidianamente com os alunos e, com frequência, já articula ações coletivas com os jovens em eventos, como campeonatos, comemorações etc.;
- tem a "visão do todo" da escola e acaba organizando a agenda, planejando tempos e espaços para atividades extracurriculares;
- articula o corpo docente nos processos de formação continuada em reuniões pedagógicas;
- participa ativamente em reuniões de conselho de escola, conselho de classe e série etc.

Esses aspectos, entre tantos outros, dão respaldo para que o coordenador pedagógico se institua como uma liderança na escola; são procedimentos e atitudes que, se bem encaminhados, acabam legitimando sua autoridade perante os professores e alunos, criando um clima organizacional favorável para que a participação e a transformação do espaço escolar ocorram numa perspectiva democrática e com a participação ativa dos alunos.

O campo de ação do coordenador pedagógico, no favorecimento ao desenvolvimento do protagonismo juvenil, é amplo, podendo se fazer presente em várias dimensões, entre as quais merecem destaque:

- no acompanhamento do processo de ensino-aprendizagem, estabelecendo estratégias em conjunto com o corpo docente que contemplem uma ação didática significativa e produtora de sentido aos alunos e os considere também como protagonistas nesse processo;
- na articulação entre as lideranças estudantis, assessorando o grêmio e sendo um canal de comunicação entre a organização da rotina da escola e as ações protagônicas dos jovens;

- na valorização da participação dos estudantes em espaços decisórios e de planejamento institucionalizados, como: em reuniões do conselho de escola, do conselho de classe e série, de pais e mestres, entre outras;
- no processo de formação continuada dos professores, que ocorre, principalmente, em reuniões pedagógicas, quando a coordenação pedagógica e demais membros da equipe diretiva se mobilizam para, entre outros aspectos, atender às necessidades apontadas pelos docentes em sua rotina em sala de aula e para o planejamento, a organização e a avaliação de ações e projetos que podem ter como parceiros os estudantes.

Nesse contexto, um parceiro importante do coordenador pedagógico é o professor coordenador de turma, ou seja, o docente que assume o papel de tutor de uma classe e acompanha de maneira mais próxima o seu desenvolvimento.

> Por estabelecer um contato mais próximo com os alunos, intermediando impasses e representando-os perante a escola, por ter um registro mais apurado do desenvolvimento da turma, o que o capacita a ser uma figura importante para realizar diagnósticos e planejar ações, e por ser o docente que vai estabelecer um contato mais próximo com a família, o PCT se torna uma figura singular no contexto escolar. Com sua atuação, pode colaborar para que a escola seja mais democrática, criando um espaço aberto a discussões e à participação de todos os envolvidos no processo de ensino e de aprendizagem (Franco, 2003, p. 98-99).

O trabalho articulado entre os docentes — com o "olhar mais refinado" que o professor coordenador de turma tem da sala que coordena somando-se ao "olhar mais amplo" do coordenador pedagógico, que contempla a totalidade da escola — favorece e potencializa a capacidade de todos de intervir na realidade e transformá-la, superando o individualismo e o isolamento, estabelecendo uma dinâmica cooperativa e o trabalho em equipe na escola.

Cabe ao coordenador liderar o grupo de docentes nessa empreitada e estabelecer um canal de comunicação com os alunos e suas representações, objetivando a construção de uma equipe cooperativa e participativa. Mas, para que isso ocorra, é necessário que o coordenador pedagógico exerça uma liderança que observe alguns aspectos que poderão dar sustentação para sua atuação e legitimá-lo perante o grupo, entre as quais destacamos a necessidade do desenvolvimento de algumas condutas, habilidades e procedimentos: estabelecer regras de convivência, valorizar uma comunicação adequada, saber intermediar conflitos e primar pela inovação e pela criatividade.

Estabelecer regras de convivência

É importante que o coordenador pedagógico, em conjunto com os docentes e discentes, estabeleça as regras de convivência que orientarão o coletivo, sendo todos os envolvidos protagonistas e corresponsáveis pelas normas e regras que regularão a convivência e as relações pessoais, interpessoais e institucionais. Nos momentos de encontro com os segmentos, seja em reuniões pedagógicas, de conselho de classe ou série etc., o processo participativo necessita de regras e normas que organizem ideias, posicionamentos e propostas, para que as decisões e os compromissos individuais e coletivos se organizem com vistas à geração de propostas de superação dos entraves e dificuldades que se apresentam na rotina da escola e na efetivação de ações protagônicas dos jovens.

A comunicação

O coordenador pedagógico deve observar como a comunicação se estabelece entre os vários segmentos da escola e também perceber como ele próprio está se comunicando com o grupo. Comunicar é um processo em que as interações entre as pessoas se manifestam por meio de linguagens diversas para "tornar comum", emitir opiniões etc., manifestações que vêm carregadas de sentido, em que se partilham sentimentos, emoções e vontades.

Além da comunicação oral e escrita, que costumam ser as mais valorizadas no contexto escolar, o coordenador pedagógico também deve observar os sinais não verbais, expressos por momentos de silêncio, olhares, movimentos, gestos, humor, entre outros, que também comunicam e, quando percebidos e valorizados, ajudam o coordenador a fazer uma análise mais aprofundada da situação, oferecendo elementos para que possa intervir da maneira mais apropriada ao que se manifesta no momento.

Um processo comunicativo com muitos ruídos e não dialógico, sem um clima de confiança que estimule a participação, dificulta o desenvolvimento da autonomia dos alunos, visto que muitos dos aspectos até aqui abordados só serão significativos se existir um bom relacionamento entre a coordenação e os jovens. É de fundamental importância que os alunos possam expressar suas ideias e seus pontos de vista com autenticidade, revelando seus sentimentos de forma genuína, o que deve ser também valorizado na postura do coordenador pedagógico. Um ambiente em que os educandos não se sentem bem e não são respeitados pode inibir a fala, evitar a troca, travar a comunicação, inviabilizando que ações protagônicas ocorram.

Estimular a criatividade

O incentivo à busca de soluções criativas para os problemas que se apresentam na escola e no incremento de projetos didáticos e extracurriculares é uma dimensão que deve ser valorizada pelo coordenador pedagógico.

A capacidade de inovar, transformar e criar novos procedimentos e alternativas para as ações planejadas sinaliza para a importância do desenvolvimento do potencial criativo das pessoas e para a valorização de sua capacidade de buscar soluções fora dos padrões habituais, estabelecendo-se um novo olhar diante dos problemas, ao se propor relações até então não contempladas no grupo.

Porém, para que isso ocorra é preciso perder o medo do novo e da inovação que quase sempre vem acompanhado da insegurança e de um certo receio da desordem e da confusão que as mudanças causam, pois estas acabam desestruturando o estabelecido, que, de um certo modo, por já ser conhecido, dá uma sensação de segurança e conforto às pessoas.

Em muitas escolas percebemos a vontade de mudar muitos encaminhamentos e rotinas; porém, o receio e o medo do fracasso inibem muitas ações que poderiam ser propulsoras de mudanças significativas nos processos de ensino-aprendizagem e organizacional da escola.

Nessa perspectiva, para que o protagonismo juvenil seja uma realidade na escola, é necessário que o medo do novo e de atitudes mais ousadas seja trabalhado entre os educadores e a equipe diretiva da escola. Isso porque a postura do jovem é oposta ao processo de rotinização inflexível presente em muitas unidades escolares, visto que para a juventude a busca de inovação e de mudanças é latente em sua maneira de ser e de contemplar o mundo, posicionamentos que nem sempre são percebidos de maneira positiva pela escola.

Vale lembrar que em muitos momentos, na ânsia de mudar e inovar, os jovens, talvez por inexperiência, acabam tendo atitudes intempestivas, equivocadas etc., posturas que devem ser contempladas pelos educadores como naturais, que também fazem parte do processo de aprendizagem pelo qual estão passando. O que se espera é que não se perca a oportunidade de avaliar junto aos jovens as atitudes e as consequências delas decorrentes, tendo como referência o diálogo, o respeito mútuo no encaminhamento do processo, que pode ser liderado pelo coordenador pedagógico e/ou pelo coordenador de turma.

Intermediação de conflitos

Outra habilidade necessária para que o coordenador pedagógico possa intervir em sintonia com o desenvolvimento de ações protagônicas na escola é a capacidade de mediar situações de conflito que, numa escola realmente democrática, com certeza existirão.

Em nossa sociedade, o conflito ainda é percebido como uma situação negativa, que só serve para desestruturar o grupo de pessoas envolvidas, rompendo com a harmonia do ambiente — essa concepção se faz presente também nas escolas.

Posicionamentos como esses desconsideram que o conflito é inerente a qualquer relacionamento humano e que a escola, por ser um ambiente que abriga uma pluralidade de culturas, acaba sendo um espaço em que a manifestação de conflitos se evidencia com mais frequência, uma vez que as pessoas procuram ser atendidas em suas necessidades, que nem sempre são a prioridade de outras pessoas. Para La Torre (2002), as situações de conflito podem ajudar o grupo a chegar a soluções que, provavelmente, não seriam encontradas por outros caminhos. Segundo essa perspectiva, as divergências podem fomentar a busca de novos procedimentos, proporcionando momentos de reflexão, revelando-se o conflito, dessa maneira, potencialmente benéfico, pois,

> Quando existem membros dissidentes de um grupo, eles forçam, com suas discrepâncias, que o grupo volte a rever os procedimentos e decisões que já tinham sido combinados e que gere uma energia que pode se dirigir à busca de novas soluções e de mais qualidade. Ao contrário, é certo que no interior dos grupos em que os membros estão sempre de acordo diminui o debate e a análise de suas atuações fica empobrecida. Devido a isso, frequentemente suas decisões são superficiais e pouco discutidas, o que faz com que percam a qualidade (La Torre, 2002, p. 162).

Porém, é preciso que o coordenador pedagógico, ao incentivar que os conflitos se evidenciem, encaminhe as discussões pautadas no respeito mútuo entre as pessoas, abrindo espaço para que as divergências se manifestem, sim, mas primando para que sejam explicitadas e resolvidas de maneira ética, orientando o debate, como líder que é, para que os conflitos não caiam no campo pessoal e no desrespeito.

O coordenador que procura orientar sua conduta segundo esses parâmetros apontados, entre outras posturas, atuando de forma justa e ética, está proporcionando aos jovens momentos ricos de aprendizagem para a participação democrática e de relações interpessoais humanizadas, carregadas de valores que, se incorporados, irão "ultrapassar os muros da escola" e contagiar outras pessoas no meio social em que vivem.

Todos os aspectos até aqui discutidos, ou seja, a elaboração de regras de convivência, a administração de conflitos, o incentivo à inovação e à criatividade, a comunicação, entre outros, podem ser diretrizes para a atuação do coordenador pedagógico no desenvolvimento de seu trabalho, seja em seu cotidiano, seja em momentos de formação e de reuniões dos colegiados escolares.

As reuniões e o protagonismo juvenil

> *A democracia de amanhã prepara-se com a democracia na escola. Um regime autoritário na escola não pode formar cidadãos democratas.*
> Célestin Freinet.

As reuniões realizadas na escola podem se revelar como momentos relevantes de reflexão, encaminhamentos e tomadas de decisão, aprimorando o processo democrático e garantindo a efetiva participação da comunidade escolar nos rumos da escola.
Para os alunos,

> As assembleias escolares são um espaço de educação moral, porque nelas introjetam-se valores como o respeito, a colaboração, a solidariedade ou a justiça, o exercer-se capacidades psicomorais, como a empatia, o diálogo, a compreensão, o juízo ou a autorregulação. De certo modo, pode-se dizer que as assembleias são um espaço de aprendizagem da democracia, de motivação para o aluno e da educação de valores (Puig, 2002, p. 28).

Os momentos para a realização de reuniões com a participação dos alunos na escola são diversos, podendo ser conduzidos tanto pelo professor coordenador de turma, no contexto mais localizado da sala de aula, tendo como foco questões mais direcionadas ao processo de ensino-aprendizagem e de convivência que se limitem aos alunos e docentes da sala, como em colegiados mais plurais, com a participação dos adultos de diversos segmentos, como nos encontros do conselho de escola, do conselho de classe ou série etc., em grande parte liderados pelos coordenadores pedagógicos.

Em ambas as situações, as reuniões apresentam-se como momentos de aprendizagem para, como defende Costa (1999, p. 179-180),

propiciar uma participação ativa na vida da escola e na construção de sua identidade pessoal e social e em seu projeto de vida.
Puig (2002, p. 28) destaca que as reuniões ajudam os educandos em muitas dimensões, que são:
- reconhecimento da coletividade e os sentimentos de pertencimento, no grupo em que os jovens estão imersos;
- desenvolvimento da autonomia, que os impulsiona a participar de acordo com seus critérios e posicionamentos pessoais, para o bom andamento da escola e das aulas;
- capacidade de construir normas para otimizar a convivência;
- capacidade de dialogar de maneira democrática e de atuar de forma reflexiva a respeito de si mesmos e da comunidade em que estão inseridos;
- predisposição a nortear suas ações pautadas por valores como responsabilidade, cooperação, solidariedade, tolerância, confiança etc.

As vivências em reuniões que envolvem a participação de adultos favorecem também um aprendizado para a articulação dos representantes dos estudantes em grêmios estudantis ou em outros tipos de organização que visem ao desenvolvimento de ações e projetos que tenham os jovens como protagonistas na tomada de decisões na vida da escola e na comunidade.

Considerações finais

Minha cabeça só pensa
Aquilo que ela aprendeu
Por isso mesmo não confio nela
Eu sou mais eu.
Raul Seixas

O desenvolvimento do protagonismo juvenil no contexto escolar requer que nós educadores e membros da equipe diretiva da escola tenhamos a clareza de que o desenvolvimento da autonomia dos jovens e da preparação para sua participação ativa na sociedade em que está inserido requer, entre outros aspectos, vivências concretas de participação nos processos decisórios, de organização e de planejamento de ações protagônicas no contexto escolar.

Apoiar os jovens em suas empreitadas nessa construção não é tarefa fácil, pois muitas posturas que se impõem não foram vivenciadas por grande parte dos educadores em sua trajetória educacional e pessoal, que tiveram uma educação tradicional, numa escola que primava pela memorização, pelo conformismo, punindo os "erros" e as tentativas de liberdade e de expressão.

Porém, não podemos usar esses argumentos como justificativa para continuar reproduzindo esse modelo. Temos, sim, de proporcionar à nossa juventude o que nos foi negado. Para isso, precisamos nos preparar para lidar com a incerteza, rever nossas posturas e primar pela construção de uma escola realmente democrática, que proporcione aos jovens uma educação vinculada com o mundo e com a vida:

> Uma escola sem paredes, uma escola expandida, com novos espaços de convivência e de aprendizagem, capaz de trazer a vida e a alegria para dentro dela. Um local onde o aluno possa aprender a viver e a conviver, a desenvolver suas capacidades, seus talentos e novos valores. Uma escola onde se possa resgatar a poesia e o sonho de um mundo melhor, mais saudável, solidário, humano e fraterno (Moraes, 1998, p. 36).

Referências bibliográficas

BARBOSA, A. M. T. *Tópicos utópicos*. Belo Horizonte, C/Arte, 2000.

COSTA, A. C. G. da. *A presença da pedagogia*. São Paulo, Global/Instituto Ayrton Senna, 1999.

FRANCO, F. C. Professor coordenador de turma: perspectivas de atuação. In: ALMEIDA, L. R.; PLACCO, V. M. S. N. (orgs.). *O coordenador pedagógico e o espaço de mudança*. São Paulo, Loyola, 2002.

FREIRE, P. *Pedagogia da autonomia*. Saberes necessários à prática educativa. Rio de Janeiro, Paz e Terra, 1997.

LA TORRE, S.; BARRIOS, O. *Curso de formação para educadores*. São Paulo, Madras, 2002.

LÜDKE, M. O trabalho com projetos e a avaliação na educação básica. In: HOFFMANN, Jussara et al. *Práticas avaliativas e aprendizagem significativa.* Porto Alegre, Mediação, 2003.

MORAES, M. C. O paradigma educacional emergente na formação do professor e nas práticas pedagógicas. *Revista do Congresso de Educação Continuada* — Polo 7, PEC. Unitau, Taubaté (1998).

NOGUEIRA, N. R. *Pedagogia dos projetos.* São Paulo, Érica, 2005.

PILLOTO, S. S. D. et al. *Reflexões sobre o ensino das artes.* Joinville, Univille, 2001.

PUIG, J. M. As assembleias de sala de aula ou como fazer as coisas com palavras. In: ARGÜIS, R. et al. *Tutoria.* Com a palavra, o aluno. Porto Alegre, Artmed, 2002.

O coordenador pedagógico e a questão da participação nos órgãos colegiados

Moacyr da Silva[1]
moacyr.silva@oswaldocruz.br

De que forma o coordenador pedagógico como profissional integrante da equipe gestora pode incentivar a participação dos pais e alunos e, ao mesmo tempo, trabalhar a atuação dos professores nos órgãos colegiados da unidade escolar? Como pode exercer nesses colegiados uma função articuladora, formadora e transformadora?

A participação dos pais e alunos vem se fortalecendo, principalmente na constituição e no desempenho de órgãos colegiados da escola. E essa participação se faz necessária para a concretização dos princípios de autonomia e gestão democrática da escola, pressupostos constantemente enfatizados pelas políticas atuais e já consagrados ao longo da história da educação.

Nesse sentido, vale mencionar o histórico Manifesto dos Pioneiros da Educação, de 1932, e a importância por ele atribuída aos princípios da descentralização, da autonomia e da participação na construção de uma escola democrática, que até hoje ainda não foram totalmente absorvidos pela organização escolar.

---
1. Diretor do ISE e da F.F.C.L. das Faculdades Oswaldo Cruz.

Neste texto apresentaremos considerações sobre os órgãos colegiados em que se evidencia a participação de seus componentes, o que tem possibilitado progressos nas formas de gestão mais democrática da unidade escolar, por entendermos que o processo educacional que caracteriza a dinâmica da vida escolar em seu cotidiano está diretamente relacionado com o trabalho coletivo e, consequentemente, com a atuação dos órgãos colegiados.

Nossa experiência de educador por mais de três décadas, referendada pela bibliografia sobre o tema, e a legislação escolar do estado de São Paulo servirão de suporte para nossa abordagem sobre o conselho de escola, o conselho de classe, o conselho de série e o conselho de ciclo.

Não pretendemos um aprofundamento sobre esses colegiados, mas sim instigar a reflexão sobre a importância da atuação do coordenador pedagógico como elemento dinamizador em cada um deles.

Conselho de escola

Iniciamos nossa reflexão pela participação do coordenador pedagógico no conselho de escola, considerado o órgão de maior representatividade da instituição, no qual se evidencia também a participação dos pais e alunos. O conselho de escola agrega representantes de pais, de alunos, de membros da comunidade, da equipe administrativa, dos docentes e de outros segmentos definidos no regimento das escolas públicas ou privadas.

No estado de São Paulo, a lei complementar n. 444/85 promulga o estatuto do magistério para o sistema estadual de ensino e atribui um novo *status* ao conselho de escola quando lhe outorga o poder deliberativo, pois até então tinha somente poder consultivo. Convém explicitar que ainda há o predomínio do caráter consultivo, já consagrado nas funções do conselho de escola, com a apresentação, pelo gestor, de questões administrativas e financeiras, e algumas de caráter pedagógico, no geral vinculadas à disciplina dos alunos. Sobre essas questões há discussão, reflexão e indicação de soluções. Exigem-se, com as alterações de ordem legal, também as funções de caráter deliberativo, evidenciando-se assim a maior participação dos pais e alunos, entendendo-se o colegiado como o órgão coletivo de decisões.

Segundo um coordenador pedagógico, em pesquisa realizada por Almeida (1998) com coordenadores pedagógicos sobre o conselho de escola, "[...] trata-se do melhor espaço para se tomar decisões e fazer encaminhamentos".

Decisões importantes sobre aprovação do calendário escolar, observando-se o mínimo de dias letivos exigidos por lei, apreciação e deliberação referentes a problemas de rendimento escolar dos alunos, indisciplina, frequência, aprovação da prestação de contas dos recursos financeiros aplicados, entre outras, demonstram que as funções consultivas e deliberativas frequentemente são concomitantes, o que tem exigido uma mudança de postura política e ideológica da direção e do corpo docente, que muitas vezes eram refratários ao envolvimento dos pais e alunos em questões internas inerentes à vida da escola.

O conselho de escola, pois, nas escolas públicas, revela-se importante espaço de descentralização do poder, quando se garante a maior participação dos vários segmentos que o compõem, tanto para decisões referentes às questões financeiras e orçamentárias como para as referentes às metas e aos objetivos gerais da escola, que vão dar suporte ao projeto pedagógico.

Cabe ao coordenador pedagógico, como integrante da equipe gestora, ter a clareza de que a participação dos pais reflete a tão esperada integração escola-comunidade, mas família e escola são instituições com funções sociais diferentes na educação das crianças e adolescentes. Deve-se incentivar a participação dos pais, mas não se pode esperar que as famílias decidam sobre os conteúdos e os métodos de educação que pretendem para seus filhos, responsabilidade essa que os professores vão assumir nos conselhos de classe, ciclo ou série juntamente com seus pares.

Para facilitar a participação e orientar a reflexão desse colegiado, o coordenador pedagógico geralmente apresenta um diagnóstico da unidade escolar. Assim, dados referentes aos índices de evasão e repetência, aplicação dos recursos financeiros, perfil dos educandos dos diferentes níveis e séries, entre outros, são importantes indicadores para nortear a reflexão e o estabelecimento de diretrizes delineadas no projeto pedagógico. Sua atuação como facilitador, mediador e articulador dos diversos segmentos é fator importante para a concretização do projeto pedagógico para a unidade de ensino. Lembrando sempre que

> [...] ficam cada dia mais evidentes a dificuldade e a ineficácia do trabalho isolado. É em torno de um projeto de escola, com claros objetivos de formação do aluno e do cidadão, que professores, diretores e outros profissionais da Educação devem se congregar para um trabalho significativo com os alunos (Placco, 2000, p. 27).

Nossa experiência como orientador pedagógico no Ginásio Estadual Vocacional João XXIII, de Americana, estado de São Paulo, explicita que essa proposta de que toda escola deve ter um projeto pedagógico refletido e construído pelo coletivo data de 1960[2].

Vale ressaltar que os objetivos delineados no projeto pedagógico devem apresentar coerência com as diretrizes estabelecidas na Lei 9.394/96 e com a concepção de homem e de sociedade que se quer alcançar. Nessa perspectiva, em razão da pesquisa da comunidade, da análise dos dados ou critérios mais significativos da instituição escolar — número de alunos matriculados por período e faixa etária, evasão e repetência, entre outros —, são traçados os objetivos e as metas a curto, médio e longo prazo para cada ano e o cronograma de atividades para cada uma das instituições auxiliares da escola.

A cada término do ano letivo, a avaliação dos projetos, dos objetivos, das metas etc. deve ser realizada, num processo de síntese, e considerada novamente a participação dos pais e dos alunos nesse processo.

Mesmo que as escolas elaborem seu projeto pedagógico no coletivo, se o professor não tiver a clara concepção de que o projeto pedagógico só será concretizado por suas ações, os objetivos

---

2. Para mais informações, recomendamos a leitura do livro *Ensino vocacional. Uma pedagogia atual*. Cortez/Fapesp, 2005.

não serão atingidos. É papel do coordenador pedagógico oferecer condições ao professor para perceber que importante é o projeto pedagógico em ação, e que isso está em suas mãos.

Conselho de classe

No estado de São Paulo, a Indicação do Conselho Estadual de Educação n. 9/97 e a Deliberação CEE n. 10/97 estabelecem as diretrizes para a elaboração do regimento das escolas públicas de São Paulo. Com o intuito de implementar uma gestão democrática e possibilitar à escola maior autonomia, são propostos "a constituição e o funcionamento do Conselho de Escola, dos Conselhos de Classe e Série, da Associação de Pais e Mestres e do Grêmio Estudantil".

Os conselhos de classe são constituídos por todos os professores da mesma classe e, de acordo com as normas regimentais das escolas estaduais de São Paulo, contam também com a participação de alunos, independentemente da idade. Evidencia-se nesse espaço a participação dos professores e dos alunos, estes como representantes de seus pares. Os alunos representantes quase sempre são escolhidos em eleição democrática, pelos colegas da classe, o que estimula importante exercício de cidadania.

É comum também em algumas escolas a escolha do professor representante da classe ou de professor coordenador de turma. Com funções bem delineadas pelo conselho, esse professor se torna o porta-voz da classe que representa e pode ser um facilitador da participação dos alunos representantes nas reuniões do conselho de classe, pois participação é algo que precisa ser aprendido.

Com a ajuda dos professores, e assessorado pelo coordenador pedagógico, o aluno pode assumir o risco de emitir suas opiniões, aprender e mudar.

O conselho de classe constitui, assim, importante espaço em que se evidencia a participação de professores e alunos, num contínuo processo de mudança. Conforme observa Rogers (1967, p. 323):

Qualquer aprendizagem significativa envolve mudança. Mudança é uma experiência assustadora e aterradora. Quando na experiência individual a mudança pode ser um fato gratificante, o indivíduo pode se permitir o risco de aprender, de mudar.

Tanto para os professores coordenadores de turma como principalmente para os alunos, os novos papéis implicam vivência de novas experiências que podem extrapolar o espaço da sala de aula e resultar em mudanças significativas.

É também o conselho de classe o espaço de discussão sobre questões de avaliação, processo que não pode estar desvinculado dos objetivos que os professores estabeleceram para as séries e para as classes, conforme registros em seus planos de ensino.

No geral, os professores utilizam a avaliação como recurso exclusivo seu, esquecendo-se de que ela tem uma dimensão importante também para o aluno. Quando oferece retornos adequados para o aluno, a avaliação é valiosa ferramenta para o autoconhecimento; por meio dela, o aluno toma conhecimento de suas aprendizagens, seus progressos em relação ao desenvolvimento de suas habilidades, suas competências, suas atitudes, suas aptidões. Para o professor, constitui-se em importante instrumento para rever seu plano de ensino e sua prática pedagógica em relação a cada classe e a cada aluno individualmente.

Ainda em função de nossa experiência como orientador pedagógico no Ginásio Estadual Vocacional João XXIII no período de 1966 a 1970, apresento de maneira muito sucinta o processo de avaliação desenvolvido por todos os professores naquela unidade de ensino.

> [...] A avaliação como processo e parte importante do projeto pedagógico em ação, que partia das Unidades Pedagógicas, procurava acompanhar todos os aspectos do desenvolvimento, ou seja, o físico-motor, o afetivo-emocional, o cognitivo, o social. As observações dos professores incidiram sobre essas dimensões e procuravam analisar o aluno no seu "todo", no seu processo global de desenvolvimento. [...] As observações registradas por todos os professores da classe iam permitindo traçar o perfil, o retrato psicoescolar de cada aluno (Silva, 2002, p. 34).

Os professores de cada disciplina registravam suas observações numa ficha de observação do aluno — FOA —, que os orientadores pedagógicos e educacionais reuniam para discutir a atuação de cada aluno, em cada bimestre, com os professores, nos conselhos pedagógicos, que eram equivalentes aos atuais conselhos de classe. Essa ficha, juntamente com o quadro ao qual vamos nos referir em seguida, dava a visão integrada do aluno, um a um, e da classe toda.

As sugestões propostas têm tão-somente o sentido de apresentar um registro da avaliação entendida como processo e, ao mesmo tempo, tentar oferecer ao professor elementos para corrigir as distorções da avaliação que podem resultar no abandono dos estudos e na evasão do aluno da escola.

Se o eixo do conselho de classe vincula-se ao processo de avaliação como responsabilidade coletiva dos professores, apresentamos, a título de sugestão, o quadro explicativo do aproveitamento mensal ou bimestral de cada classe, um dos recursos utilizados por nós no Ginásio Vocacional de Americana.

Em linhas gerais, o quadro consistia em relacionar em ordem alfabética os alunos da classe e, verticalmente, registrar os conceitos ou médias obtidas por eles em cada disciplina, conforme representamos a seguir:

Relação dos alunos	Disciplinas e conceitos					
Nome do aluno	Líng. Port.	Mat.	Hist.	Geog.	Ciênc.	Etc.
Alberto	C	D	E	C	B	
Ana	D	C	C	B	C	

Em reunião com os professores da classe, o quadro era apresentado e analisado, para permitir um diagnóstico seguro a respeito dos alunos e das disciplinas. Assim, podiam-se visualizar as disciplinas que apresentavam elevado índice de reprovação e os alunos que necessitavam de atividades de "recuperação" contínua ou paralela.

No coletivo, no colegiado, em função do diagnóstico, discutia-se também a dinâmica da classe em cada disciplina, a metodologia ou estratégias de ensino-aprendizagem adotadas pelos professores, relacionando-as aos conteúdos específicos da disciplina e às teorias de ensino, de aprendizagem e de desenvolvimento.

A análise do quadro possibilitava a cada professor a tomada de decisões e a revisão de sua prática pedagógica. Discutia-se a importância das diferenças individuais, das relações interpessoais que resultam na dinâmica das classes, com a formação de grupos ou subgrupos, com as chamadas lideranças positivas ou negativas, conforme a motivação emergente das técnicas aplicadas pelos professores.

Os instrumentos apresentados podem contribuir também para a síntese do aproveitamento do aluno ao término do ano letivo no conselho de classe.

O objetivo almejado aqui é oferecer instrumentos ao coordenador pedagógico para que assuma com os professores uma atitude de pesquisador na ação e que, diante de cada análise, possa, com o coletivo, apresentar hipóteses de compreensão e, diante dessas, propor os recursos mais adequados, conceituais e empíricos para a melhoria da prática pedagógica e do ensino no cotidiano escolar.

A importante atuação que o coordenador pedagógico tem em relação à questão da avaliação comporta um capítulo à parte, e não é nosso objetivo discuti-la com maior profundidade neste texto.

Conselho de ciclo

Alguns estados da Federação têm incentivado a criação de ciclos para substituir o regime seriado ou mesclá-los a esse. Implantado, na maioria das vezes, sem muito preparo dos professores, sua receptividade quase sempre está eivada de críticas.

Em atitudes "saudosistas", muitos professores comparam a situação atual com o sistema elitista da primeira metade do século passado.

Atualmente, com o processo de democratização do ensino, as escolas passam a receber também as crianças oriundas das classes populares. Sabemos que as crianças das classes médias e altas, por diversos fatores, como estímulos recebidos desde o nascimento, contato com livros de história e outros materiais escritos, chegam à escola praticamente alfabetizadas, ao passo que as das camadas populares não têm tanto acesso a esses recursos.

Com a criação dos ciclos, estabeleceu-se também o colegiado específico para tratar do seu processo de implantação e consolidação. O coordenador pedagógico tem aí importante papel junto aos professores que assumem principalmente os ciclos iniciais. No geral, são dedicadas algumas horas semanais ou mensais às reuniões de estudos, de revisão dos objetivos e das metodologias ou mesmo de formação continuada dos professores mediada pelo coordenador pedagógico e, muitas vezes, com a presença de outros estudiosos convidados para essa finalidade.

Trata-se de importante colegiado que, vislumbrando a importância dos ciclos, compreende também a importância das políticas públicas voltadas para a garantia dos direitos de todos à educação, e não somente quanto ao acesso, mas à consequente permanência na escola e à aprendizagem.

A implantação dos ciclos, como política recente em alguns estados, tem apresentado algumas questões que merecem uma reflexão no colegiado, mediadas pelo coordenador pedagógico.

Os ciclos não devem ser confundidos com aprovação automática. É um equívoco a ideia de que nesse sistema não haja avaliação e metas a ser alcançadas periodicamente. Seu objetivo primordial é garantir um tempo maior para determinadas aprendizagens, uma vez que o ensino fundamental é direito de todos.

O sistema de ciclos consiste em uma reorganização dos tempos, espaços e conteúdos escolares e requer mudança na forma de trabalho em sala de aula, respeito à diversidade e ao ritmo dos alunos por meio de trabalho diversificado, mudança na forma de avaliação dos alunos e recuperação contínua de conteúdos não aprendidos.

Essa forma de organizar o ensino requer mudança de mentalidade com relação aos estudos e ao conhecimento, envolvimento dos alunos e das famílias, trabalho coletivo da escola em torno de metas comuns, monitoramento da frequência dos alunos, trabalho diversificado, estratégias de trabalho com classes heterogêneas, avaliação processual e oferta de recuperação contínua a alunos com dificuldades.

Essas questões precisam ser objeto de discussão e reflexão no colegiado de ciclos, e o coordenador pedagógico tem nele um papel fundamental.

Conselho de série

O conselho de série constituído por todos os professores que ministram aulas nas séries específicas e também com representação de alunos tem importante papel na garantia da integração horizontal e vertical dos conteúdos, como ocorre nos conselhos de classe. Em função da análise de dados do diagnóstico e características específicas das séries, atividades e projetos interdisciplinares são propostos e desenvolvidos. Busca-se um currículo menos fragmentado, com maior diálogo entre as disciplinas.

Quanto à integração dos conteúdos, nos Ginásios Vocacionais tínhamos como eixo as unidades pedagógicas, baseadas em questões amplas propostas pelos alunos da série. A partir dos temas apresentados, desenvolviam-se os estudos, as pesquisas e, sobretudo, propunha-se a evolução progressiva dos conteúdos ao longo do ano e das séries.

Considerações finais

O coordenador pedagógico, em função dos projetos de cada escola, tem o papel de articular o coletivo dos professores para definir outras atribuições para o conselho de série, bem como para os conselhos de classe e ciclo.

Retomando as normas regimentais para as escolas públicas do estado de São Paulo, já referidas, que têm por princípios a gestão democrática, a descentralização e a autonomia das escolas, não desmerecemos a importância da associação de pais e mestres e do grêmio estudantil. Ambos são importantes instituições auxiliares da vida da escola, e o coordenador tem papel fundamental para a garantia de sua organização e seu funcionamento. São outros espaços de participação, que merecem reflexão. O protagonismo juvenil é particularmente discutido neste mesmo livro, por Franco (O C.P. e a questão do protagonismo juvenil).

A questão da participação nos órgãos colegiados, cuja discussão acompanha grande parte da trajetória da história de nossa educação, apresenta-se, ainda hoje, muito atual. Neste texto, procurou-se enfatizar o caráter de espaço privilegiado desses órgãos para a participação, o compromisso e o protagonismo de seus componentes, que envolvem todos os segmentos presentes na vida da escola. O coordenador pedagógico tem neles um espaço privilegiado para o desempenho de suas funções formadora, articuladora e transformadora.

Referências bibliográficas

ALMEIDA, L. R. *O conselho escolar como fator de resiliência da escola*, 1998 (mimeo.).

——; PLACCO, V. M. N. S. (orgs.). *O coordenador pedagógico e a formação docente*. São Paulo, Loyola, 2000.

PLACCO, V. M. N. S.; BATISTA, S. H. S. S. A formação do professor: reflexões, desafios e perspectivas. In: BRUNO, E.; CHRISTOV, L. H. (orgs.). *O coordenador pedagógico e a formação docente*. São Paulo, Loyola, 2000.

ROGERS, C. R. *Liberdade para aprender*. 2. ed. Belo Horizonte, Interlivros, 1978.

ROVAI, E. (org.). *Ensino vocacional: uma pedagogia atual*. São Paulo, Cortez, 2005.

SÃO PAULO (Estado). Conselho Estadual de Educação. Deliberação n. 10/97 e Indicação n. 9/97. Diretrizes para elaboração de Regimento das Escolas no Estado de São Paulo.

——. Lei Complementar n. 444/85: Dispõe sobre o Estatuto do Magistério Paulista.

SILVA, M. *A formação do professor centrada na escola*. São Paulo, EDUC, 2002.

O coordenador pedagógico
e a questão do fracasso escolar

Eliane Bambini Gorgueira Bruno[1]
eliane.gorgueira@terra.com.br
Luci Castor de Abreu[2]
lucastor@uol.com.br

Introdução

O analfabetismo, a repetência e a evasão têm colocado o Brasil entre os países que apresentam os mais altos índices da triste realidade do fracasso escolar.

Investigar, desvelar esse fenômeno em sua complexidade implica explicitar o que assumimos como sucesso escolar e implica ainda compreender as formas pelas quais o fracasso é produzido e legitimado dentro do espaço escolar. É nessa perspectiva que inse-

---

1. Doutora pelo Programa de Estudos Pós-Graduados em Educação: Psicologia da Educação da PUC-SP. Professora da Universidade Estadual Paulista (UNESP), no Instituto de Artes (IA).
2. Pedagoga pela FIZO — Faculdades Integração Zona Oeste; pós-graduanda em Didática do Ensino Superior pela FIZO; assessora em projetos de formação continuada.

rimos o coordenador pedagógico como o profissional responsável pela formação continuada dos professores que, atuando junto à equipe e contando com o apoio da direção da escola, pode contribuir para melhor compreensão e superação desse quadro.

O fracasso e o sucesso escolar

Este texto pretende identificar no trabalho do coordenador pedagógico os limites e as possibilidades de mobilizar a comunidade escolar diante do desafio de compreender e minimizar os determinantes que conduzem ao fracasso escolar que se concretiza e se revela nos alarmantes números do analfabetismo, da repetência e da evasão e na fragilidade de perspectivas e valores que compõem as demais esferas do processo de formação.

Falar sobre o fracasso escolar implica necessariamente explicitar antes o que assumimos como seu contraponto: o sucesso escolar ou o sucesso do processo educacional, que, para além dos limites do ensino, se insere numa perspectiva de formação do humano em dimensões que transcendem as esferas do intelectual e do cognitivo para solicitar o entrelaçamento com outros aspectos que compõem a expressão do homem no mundo: a intuição, os afetos, a ética, a estética, a espiritualidade — a história. Uma ação reintegradora das dimensões do homem e uma prática social mediadora das interlocuções entre o homem, o conhecimento, a ciência, a realidade; enfim, da interlocução do homem com a vida.

A complexidade do mundo em que vivemos hoje pede uma escola que propicie e prime pela formação integral da pessoa. Uma escola em que formar, ensinar e conviver sejam tratados como aspectos indissociáveis no processo educativo.

Compreender essa complexidade pede considerar a totalidade das dinâmicas que movem as estruturas sobre as quais a sociedade se apoia e que são respaldadas por uma das faces da educação: sua função reprodutora das desigualdades, conforme se pode observar no trecho abaixo, extraído de um diálogo desenvolvido entre um pai de aluna e seu professor:

"Semana que vem Biúca completa quinze anos e pelo resultado de seu boletim conquistou o direito de escolher seu presente de aniversário. Vamos dar uma festa 'daquelas'. Isabel [é a Biúca] é a melhor aluna da sala. Só tem 'notão'. Ganha tudo que é gincana da escola. Passa bastante tempo estudando e não me dá um pingo de trabalho. E eu dou a 'maior força' porque nesse mundo de hoje só os melhores conseguem alguma coisa...".

O sucesso escolar que assumimos concebe uma educação que, com seu caráter mediador, possa se constituir num território em constante movimento de ressignificação do homem, considerando e valorizando seus saberes, seus sentimentos, suas diferenças socioculturais e, sobretudo, propiciando o desenvolvimento de uma compreensão crítica acerca da realidade, com vistas a possibilitar sua atuação efetiva no sentido de transformar o conceito da desigualdade em diferença; o das certezas absolutas em hipóteses; o da inexorabilidade em possibilidade e, enfim, o do individualismo em solidariedade.

Educar é, antes de tudo, alimentar a esperança de que o outro e nós mesmos podemos mudar ampliando nossa possibilidade de convívio e de conhecimento sobre o real (Bruno, 2005, p. 71).

Fundamental também é acentuar que, mesmo considerando os pesos que lhes são atribuídos, o analfabetismo, a repetência e a evasão (como consequências e evidências do fracasso escolar) não serão as questões centrais a ser aqui refletidas, pois consideramos que estes são sintomas observáveis e mensuráveis *a posteriori* de um processo que (além dos determinantes externos às instituições de ensino) é construído, alimentado e legitimado desde o início e ao longo de toda a vida escolar (às vezes, nem tão longa assim...) de forma tão velada quanto crescente. É esse o fantasma que nos assombra.

Nossa discussão parte do princípio de que, quando (por exemplo) um aluno abandona a escola, a escola já o abandonou há tempos... O fracasso já foi produzido e nesse momento — o da evasão — já se cristalizou e se desdobrou. O que foi antes um processo construído e vivenciado agora é só mais um número. Uma pontuação a ser incorporada num índice já bastante triste.

Há, portanto, uma necessidade expressa no sentido de que se compreenda o conjunto complexo e articulado de variáveis econômicas, biológicas, socioculturais, pedagógicas e psicológicas que interagem na construção desse conceito, que constituem as subjetividades de todos os atores envolvidos e confirmam as formas e os critérios por meio dos quais se classificam e categorizam os alunos segundo seu *perfil e desempenho*.

Segundo Arroyo (1997, p. 13-14), compreender o fracasso escolar é compreendê-lo como parte da estrutura social e política de um sistema que reforça e legitima uma sociedade seletiva, desigual e excludente. E o sistema escolar não é diferente. Está estruturado para excluir, materializando uma cultura em relação ao fracasso que "por sua força e persistência desafia os esforços de educadores, mesmo os mais progressistas".

Carvalho (1997) vem na mesma defesa e compõe com Arroyo quando nos fala sobre o fracasso escolar alimentando a exclusão social e sendo alimentado por ela. Evidencia-se então a reciprocidade das implicações entre as estruturas internas e externas à escola no que se refere à produção e à legitimação dessa cultura do fracasso.

Os estudos intensificados nas cinco últimas décadas, bem como nossa experiência — desde o segmento da Educação Infantil até o Ensino Superior — evidenciam que as escolas não apenas refletem o fracasso que acontece fora delas, mas também produzem o seu próprio a partir dos componentes valorativos que caracterizam sua cultura e que revelam — além de suas concepções de homem e de sociedade — a marca e a direção pretendida em seus processos de formação. É nesse espaço e dentro desses limites que pretendemos desenvolver nossa discussão; um espaço situado antes da transformação do fracasso em números e percentuais conforme indicadores apresentados abaixo:

Queiroz (2002) aponta que:
- Dos 1.000 alunos iniciais de 1960, somente 56 conseguiram alcançar o primeiro ano universitário em 1973. Isso significa taxas de evasão de 44% no primeiro ano primário, 22%

no segundo, 17% no terceiro. A elas se associam taxas de reprovação que entre 1967 e 1971 oscilavam em torno de 63,5% (apud Freitag, 1980, p. 61).
- De cada 100 crianças que iniciaram os estudos em 1997, só 66 chegarão à oitava série (apud Lahóz, in: revista *Exame*, 2000).
- A probabilidade de um aluno novo na 1ª série ser aprovado é quase o dobro da probabilidade daquele que já é repetente na série. Isso mostra que a repetência tende a provocar novas repetências, ao contrário do que sugere a cultura pedagógica brasileira de que repetir ajuda a criança a progredir em seus estudos (apud Azevedo, 1997).
- A taxa de escolarização dos sete aos catorze anos, que era de 80,4% em 1980, passou a apenas 82% em 1987.

Góis (2003) apresenta os seguintes índices:
- O Brasil não está conseguindo vencer, no ritmo desejado, o combate contra o que é considerado por muitos educadores o maior mal de nossa educação: a repetência. Dados recém-tabulados pelo Ministério da Educação por meio do Inep (Instituto Nacional de Estudos e Pesquisas Educacionais) mostram que um em cada cinco estudantes dos ensinos fundamental e médio repetiu, em 2002, a mesma série cursada em 2001.
- O aumento mais expressivo da taxa de repetência aconteceu no ensino médio — o antigo segundo grau. Na passagem de 1998 para 1999, a taxa de repetência estava em 17,2%, a mais baixa em quase vinte anos. A partir daí, passou a crescer até chegar a 20,2% em 2001/2002. Isso significa, aproximadamente, um universo de 1,7 milhão de alunos reprovados.
- No ensino fundamental, os dados mais recentes indicam que houve queda após três anos nos quais a taxa de repetência teve pequenos aumentos. Na passagem de 1998 para 1999, o índice estava em 21,3%. Passou, no período seguinte, para 21,6%, depois para 21,7% e, em 2001/2002, recuou para 20%. Em números absolutos, foram 7 milhões de alunos que não conseguiram avançar para a fase seguinte.

- No Brasil, o problema da repetência costuma ser associado também ao da evasão. Os dados do MEC mostram que o aumento do número de estudantes que abandonaram a escola foi maior no ensino médio. A taxa de evasão, que em 1997 estava em 5,2%, aumentou para 8,3% em 2001.

Caixeta (1997) traz os tempos médios de escolarização no Brasil:
- A escolaridade média dos 71 milhões de brasileiros que compõem a população economicamente ativa é de 3,8 anos, um dos níveis mais baixos do mundo, comparável aos do Haiti e de Honduras. Na Argentina, a média é de 8,7 anos, no Paraguai, 9 anos, e na Coreia do Sul, 11 anos.

Após análise de recenseamentos realizados entre 1872 e 1980 e reafirmando o que historicamente tem sido observado, Freitas (1998, apud Ferrari, 1985) aponta para uma "tendência secular ao analfabetismo no Brasil" e afirma que esse processo

> ocorre basicamente de duas formas: simples processo de exclusão do processo de alfabetização ou baixa produtividade no mesmo, sendo que a diferença entre uma e outra reside no fato de que neste último caso os excluídos se encontram dentro da escola. A exclusão na escola, isto é, no próprio processo de ensino, faz-se presente através da reprovação e da repetência que preparam o momento seguinte: a "evasão" escolar (Freitas, 1998, p. 18).

A repetência como consequência da falha no processo de alfabetização e considerada o principal componente que caracteriza o fracasso *do aluno* nas séries iniciais do ensino básico (justificado pela indisciplina, pela fragilidade da estrutura familiar e por questões de ordem econômica, sociocultural, cognitiva ou psicológica) está expressa no trecho abaixo (do jornal *Folha de S.Paulo*, edição de 26/4/2006), apresentando a situação atual do Brasil:

> Considerada um dos principais indicadores de qualidade na educação, a taxa de repetência no ensino primário (primeira à quarta série) no Brasil é pior do que a do Camboja e equivalente às de Moçambique e Eritreia. É o que aponta uma pesquisa divulgada ontem pela Unesco (Organização das Nações Unidas para a Educação, a Ciência e a Cultura).

País	Índice de reprovação
Gabão	34%
Madagascar	30%
Burundi	29%
Ilhas Comores	27%
Camarões, São Tomé e Príncipe, Congo	25%
Chade, Guiné-Bissau, Togo	24%
Guiné Equatorial, Nepal, Benin	23%
Anguilla	22%
Eritreia, **Brasil**, Moçambique	21%

Diante desse quadro, podemos perceber que a locomotiva do fracasso escolar — quaisquer que sejam os olhares que para ela sejam dirigidos — continua tão contemporânea e preocupante quanto o foi há cinquenta anos, por conta do fato de que o aumento quantitativo das oportunidades de ingresso à escolarização não se refletiu em resultados positivos quanto à qualidade do ensino, à permanência dos alunos nesse processo e ao sucesso de sua formação. Dessa forma, é fundamental recolocar o fracasso escolar numa perspectiva a partir da qual a escola — como local privilegiado de formação — seja criticamente repensada e reconhecida como agência social produtora e reprodutora de uma sociedade excludente, mas com possibilidades de transformar essa realidade a depender das ações e dos compromissos firmados pela e com a comunidade que a constitui.

Os diversos olhares para o fracasso

Ainda que estejamos tratando do processo que caracteriza o fracasso escolar sob a perspectiva do coordenador pedagógico, consideramos pertinente abordar a percepção dos alunos, que, embora não alcancem um entendimento nem amplo nem aprofundado desse processo, revelam em suas falas uma oscilação que varia desde a inconformidade quanto a suas limitações até a construção e introjeção de uma identidade que os caracteriza como incapazes. Por outro lado, é preciso considerar que esses mesmos alunos querem ser desafiados, querem superar seus limites e *provar* que sua condição (filho de pai alcoólatra ou drogado, classe econômica carente, instabilidade familiar) não os torna menos capazes de aprender.

Abramowics (1997, p. 163) nos traz um depoimento ficcional de adolescentes multirrepetentes no qual podemos perceber o conflito interno que experimentam na luta entre a introjeção de sua incapacidade e o desejo de superá-la.

"Eu sinto raiva, um desejo de morte, de banir, de zoar. Quanto mais me tratam como débil, como um nada, como burro, mais assim eu fico e a raiva aumenta ou então bate aquele *tuimmmm* e eu não sei aonde vou por aí; o pensamento leve e solto. Não penso nada. Sou um balão de gás, mas o pior é que às vezes eu sinto que não sirvo para nada, que não sou nada como a minha professora me diz e minha mãe também e que sou burro. Tenho raiva, mas não consigo sair desta forma-burra. Faço força e, quanto mais força faço, mais força preciso. É muito violento e tenho vontade de estourar tudo e também não porque eu queria aprender. Porque estou prisioneiro dessa forma-burra. Por isso é que eu continuo na escola. Deveria fazer como o Renan. Eu sinto uma coisa estranha até com minha mãe..."

O depoimento abaixo traz a fala de uma professora que atuou no ensino fundamental de uma escola da rede pública, na qual se pode perceber o desencanto e a indignação provocados pela dificuldade com que ela deparou com o fracasso — o fracasso *da escola*.

"Minha permanência nesta escola foi um tempo de tristeza e de constrangimento. Não me senti acolhida, tampouco os alunos se sentiam. Não senti que meu trabalho tinha qualquer importância para aquelas pessoas. Tudo naquela escola era cansaço, desencanto, apatia e saudosismo: 'No meu tempo não era assim'. Não percebi desejo, perspectiva ou ações que apontassem para as mudanças que em tão pouco tempo pude perceber evidentes e urgentes. Apenas me senti mais próxima de compreender os mecanismos que podem transformar uma escola num local onde nada pulsa. Um local onde as coisas apenas se repetem, dia após dia. Sem desejo e sem sentido."

Queiroz (2002) nos traz o fracasso escolar pela lente dos vários atores que compõem esse cenário:

Na visão dos professores:

"Segundo os professores, a família é uma instituição carregada de problemas afetivos e financeiros, mas [...] se esta procurasse mais a escola e se interessasse mais pelo saber da criança, talvez fosse possível evitar a evasão escolar. A escola não reflete sobre a necessidade de redimensionar suas práticas de maneira a possibilitar o interesse dos alunos pelos estudos. Quanto à responsabilidade da criança pela sua evasão, segundo os professores, esta se dá por falta de interesse do aluno, por sua não participação nas atividades, pela falta de perspectiva de vida e pela defasagem de aprendizagem trazida das séries anteriores".

Pela lente do diretor, do coordenador pedagógico e demais funcionários:

"A evasão escolar é consequência da desestruturação familiar, dos problemas familiares como a pobreza, a necessidade de os filhos trabalharem para ajudar a família e a ausência dos pais no acompanhamento dos estudos dos filhos, além das drogas e do desemprego".

Pelo olhar dos pais ou responsáveis:

"Os fatores determinantes [...] devem-se à 'má companhia' e à violência no interior da escola. No que tange à 'má companhia', os pais/responsáveis em geral afirmam que esta é consequência da necessidade de se ausentarem para trabalhar durante o dia todo e, em virtude disto, não têm tempo para acompanhar seus filhos, não somente no que diz respeito às atividades escolares, mas também no que diz respeito às amizades".

Na perspectiva do próprio aluno:

"As crianças mostram que esta [a escola] não está dissociada da vida social e que situações vivenciadas na família podem influenciar direta ou indiretamente suas atitudes e decisões em relação à continuidade ou não dos estudos. Dentre as situações, os alunos apontaram o desemprego dos pais, a necessidade da criança de trabalhar para ajudar a família, os problemas familiares que desmotivam a criança a continuar frequentando as aulas e o desinteresse pelo estudo. Também são apontados pela criança fatores internos da escola, como brigas, bagunça e o desrespeito para com a professora".

Os recortes acima mostram que, independentemente do olhar que se dirija ao fracasso escolar, seu sujeito é — em geral — o aluno. O aluno fracassou em sua tarefa de aprender (não foi a escola quem fracassou em sua tarefa de ensinar-formar). Ainda que os discursos político-pedagógicos progressistas — que têm como bandeira a democratização do acesso à educação formal e a valorização da diversidade cultural — sejam amplamente aceitos e reproduzidos nos meios acadêmicos, é lá no chão da escola, em seu cotidiano, que observamos concretizar-se a culpabilização do aluno e a isenção da escola em relação à responsabilidade pelo fracasso escolar.

Investigando a relação entre o discurso e a ação concreta

O registro abaixo é parte de um texto recentemente utilizado numa reunião de pais. Segundo o discurso do educador que conduzia a reunião, o objetivo da leitura era sensibilizar os pais para o papel da escola e para a importância do diálogo e da parceria entre a instituição e a família no que se refere à educação de seus filhos. No entanto, uma observação minimamente cuidadosa permite-nos perceber o distanciamento que a escola — em contradição com seu próprio discurso — impõe aos pais.

> Ao *escolher* os serviços educacionais de uma determinada instituição, os pais assinam não apenas uma matrícula, mas também assumem um compromisso muito maior e concedem à escola uma carga de responsabilidades.
> Contrato educacional assinado, *a escola passa a ter o aval da família* para definir os pormenores relativos à forma como esse estudante irá ser educado em seu processo de escolarização. Metodologias de ensino, normas disciplinares, profissionais contratados, instalações da escola, recursos materiais oferecidos, grades curriculares, cursos extras e tantas outras peculiaridades do

trabalho educacional *passam a ser decididos a partir dos mantenedores, diretores, coordenadores, orientadores, professores e demais funcionários desse estabelecimento educacional.*
É assim que funciona? Deveria ser. Em muitos casos não é. *A interferência dos pais no cotidiano das escolas tem sido uma constante.* Não podemos esquecer que os profissionais que atuam na área de educação, mais especificamente na escola, são *especialistas com formação acadêmica para atuar* na área. A *visão de escola dos familiares* é muito influenciada pela vida escolar que eles mesmos tiveram (destaques nossos).

Em primeiro lugar, é uma minoria que pode escolher a escola para seus filhos, principalmente se estivermos falando da rede pública. A criança estuda onde há vaga. Em segundo, na própria cultura da escola, são deficientes e limitadas (limitadoras) as iniciativas no sentido de integrar a família. O que se tem constatado é que ao aluno e à família resta viver a vida prescrita pela escola (formalizada numa sequência considerável de regras e normas de conduta) sem conhecê-la, sem compreendê-la, sem questioná-la e sem participar de quaisquer decisões que paradoxalmente exercerão influência direta sobre suas vidas.

Entendemos que a prática histórica de tentar — à força — igualar o que é diferente vai provocando, sobretudo nos alunos, uma espécie de aversão antecipada a tudo que os remeta à ideia de regras. Na medida em que essa aversão se intensifica e se cristaliza, também se amplia e acaba interferindo na forma como eles se relacionam com aqueles valores que poderiam garantir minimamente a relação e a convivência entre alunos, assim como entre estes e a escola e a comunidade em geral.

Tem-se então o embate entre os valores privilegiados na família e os valores postulados pela escola num processo que, para pais e alunos, é desprovido de sentido. Esse movimento — via de regra — se expressa no comportamento dos alunos e constitui mais um elemento a compor e justificar o fracasso: a indisciplina.

Postula-se que a escola deseja um aluno ativo, autônomo, que questione, que proponha, e no entanto os educadores (em geral) e os professores (em particular) não se sentem seguros ou preparados para lidar com esse aluno que eles mesmos desenham e desejam.

Nesse sentido, parece-nos clara a necessidade de amparo àquele educador que tenta com dificuldade renovar sua prática, torná-la *nova* e significativa para um aluno que também é um aluno *novo*, com novas demandas trazidas de um mundo que, a cada dia, também é novo.

Consideramos a escola um espaço de formação para a cidadania e para a construção de valores. No entanto, entendemos que aos profissionais que atuam nesse espaço faltam amparo, compreensão e instrumentalização para tratar dessas questões que, se por um lado protagonizam-se no espaço escolar, por outro refletem movimentos cujos comandos são externos a esse espaço.

Nossa preocupação vai ainda além dessa distância que contraditoriamente a escola impõe à família e aponta para outra distância não menos merecedora de cuidado: a distância que se observa no próprio interior da escola e que se expressa em ações isoladas e desarticuladas da equipe gestora em relação aos professores, alunos e demais funcionários. Ações que em geral são legitimadas pelo diretor, seja por conta do modelo de gestão que ele elegeu, seja por despreparo ou deficiências em sua própria formação ou ainda por conta da fragilidade da equipe que o auxilia na lida com o cotidiano da escola.

A ação do coordenador pedagógico no desenvolvimento do trabalho coletivo e articulado

A identidade de uma escola ancora-se fortemente na postura manifesta de seu diretor e na opção do modelo de gestão que ele defende. Assim, se podemos partir do princípio de que existe um diretor escolar *pelo fato de existir uma escola a administrar*, e se podemos ainda afirmar que temos clareza sobre o que seja o papel da escola, não fica difícil concluir que as ações de caráter administrativo são — ou deveriam ser — a explicitação da demanda pedagógica, resultado de um processo dialógico instalado no e pelo grupo, com boa visibilidade da escola real, do aluno real, da comunidade real, com vistas à construção da autonomia desse grupo — e, ainda que se trate de uma autonomia relativa, é legítima na medida em que constrói e revela a identidade do grupo e renova suas concepções e expectativas na busca da melhoria da qualidade da educação oferecida.

É nessa esteira que concebemos as possibilidades de contribuição do coordenador pedagógico como o profissional que na unidade escolar responde fundamentalmente pelo processo de formação continuada dos educadores e pelo projeto de construção da relação entre teoria e prática docentes. É o mediador que articula a construção coletiva do projeto político pedagógico da escola e que, em comunhão com os professores, elabora a qualidade das práticas educativas, favorecendo também, nesse processo, o crescimento intelectual, afetivo e ético de educadores e alunos.

A ação efetiva do coordenador pedagógico no sentido da mobilização de cada ator (em particular) e da equipe escolar (em geral) na perspectiva da superação do fracasso escolar só é possível se as ações individuais são decorrentes de um projeto construído coletivamente, se estão ancoradas no acolhimento, na disponibilidade e no comprometimento pessoal e do grupo e, sobretudo, se são valorizadas, apoiadas e viabilizadas pela direção da escola.

Esse movimento de construção — que deve ser visto como um processo de aprendizado constante — depende em grande parte da clareza da equipe em relação ao contexto real da escola, de suas necessidades, dos objetivos que deseja atingir e da concepção de educação defendida pela instituição. Depende ainda da forma como a comunidade e sua cultura são acolhidas e valorizadas, da forma como é construída a identidade da escola e das condições (internas e externas à escola) oferecidas ao trabalho dos profissionais que nela atuam. Todos esses aspectos devem juntos e articulados comparecer na vida cotidiana da escola.

Parece-nos então oportuno recolocar a questão da qualidade e da natureza das relações que se dão no interior da escola e propor o salto reflexivo na direção do entendimento de que o sucesso e a efetividade (ou o mais absoluto fracasso) da atuação do coordenador junto à comunidade escolar dependem sobremaneira da qualidade das relações e dos vínculos que esse profissional constrói com seu grupo. Dependem das possibilidades de que esse profissional consiga estabelecer na escola relações que possam, de fato, propiciar o diálogo colaborativo entre a essência e a existência do educador com vistas à oxigenação de suas práticas docentes e à (re)construção de um conhecimento que é — e deve ser — pessoal, profissional e social. É preciso propiciar ao educador a construção de sua identidade, a percepção de seu papel diante das demandas sociais, a construção de sua autonomia intelectual e de sua autoridade docente.

Nesse contexto, os programas e os espaços de formação continuada emergem como oportunidade de construção, reflexão e partilha de saberes e vivências, pois em sua ação os educadores experimentam sentimentos como medo, impotência e desânimo diante da multiplicidade de dificuldades cuja superação encontra entraves de origem tanto interna quanto externa à escola. A solidão que atravessa e é atravessada por esses sentimentos vem confirmar a importância de o coordenador pedagógico valorizar os saberes, as crenças, as histórias pessoais e os sentimentos desses atores. É importante ressaltar que, nas escolas em que as funções de orientador educacional e de coordenador pedagógico são exercidas por pessoas diferentes, suas ações de formação (de professores, de alunos e de pais) precisam ser trabalhadas coletiva e articuladamente sem que isso signifique a descaracterização dos papéis. O envolvimento do grupo (interno e externo à escola) implica corresponsabilidade e coautoria. Pede estar atento às transformações em curso.

Viver essas construções numa perspectiva democrática demanda a percepção e o aprendizado de que toda forma de autoridade numa relação grupal sempre implica algum tipo de poder e implica ainda que o exercício desse poder dependerá diretamente da forma como essa autoridade foi construída/delegada. Demanda também o exercício pleno da participação (e da gestão da participação), o desapego em relação às crenças cristalizadas, a disponibilidade necessária de cada componente para promover o amadurecimento do grupo e, sobretudo, a construção das autonomias individual e grupal (que pressupõe necessariamente a inclusão do outro). Isso é o que, de fato, possibilita ao grupo o salto para uma construção que se expande para além dos modelos instituídos (e que em geral lhes são estranhos) e busca caminhos que respondam às subjetividades individuais sem deixar de marcar o componente social que caracteriza e identifica o grupo como tal.

À guisa de conclusão

A história e a experiência nos têm mostrado que as possibilidades de superação do fracasso escolar têm sua gênese na investigação e na compreensão da natureza e da qualidade das relações estabelecidas entre todos os agentes que atuam nesse espaço (equipe gestora, professores, funcionários, alunos, pais e comunidade) e na busca de uma identificação cuidadosa dos vários componentes que se entrelaçam e implicam o fracasso escolar, e não o desejo da solução imediata de problemas já configurados e identificados sem a devida análise crítica e reflexiva que contemple e viabilize a construção coletiva de um novo projeto de formação.

O fracasso não ocorre apenas pelo fato de a escola estar descumprindo seu papel, mas também pela fragilidade do processo que deveria tornar significativo o envolvimento dos demais segmentos da sociedade: o Estado, a família e a comunidade.

Diante da realidade já constatada e da realidade que ainda teima em se anunciar como tendência, acreditamos que as possibilidades de contribuição do coordenador pedagógico estão situadas num espaço em que o *refletir-junto* e o *construir-junto* precisam ser aprendidos e vivenciados por toda a equipe. E mais: precisam ser viabilizados pelo diretor como o agente articulador de um processo de mudanças que se proponha envolver nessa empreitada todos os atores do espaço escolar, bem como a família e a comunidade. É a partir desse espaço e dessa perspectiva que apontamos alguns caminhos possíveis para uma melhor compreensão e a consequente diminuição dos alarmantes índices do fracasso escolar:

- desenvolvimento de trabalho coletivo e articulado entre coordenadores e professores;
- reorganização do tempo-espaço escolar;
- revisão das políticas públicas para a educação;
- ressignificação do tripé ensino–aprendizagem–conhecimento;
- revisão dos critérios de seriação do ensino;

- valorização das relações interpessoais;
- investimento efetivo de formação inicial e continuada dos professores;
- desenvolvimento de habilidades para lidar com diferenças;
- adequação e contextualização dos conteúdos curriculares;
- valorização da formação do professor como aquele que pesquisa, investiga e critica sua própria prática.

Esperamos que este texto não se encerre em si, mas que represente uma contribuição e um convite à continuidade da discussão, da reflexão e da busca de caminhos que possam ampliar as possibilidades de atuação do coordenador pedagógico diante dessa *locomotiva na contramão do educador*: o fracasso escolar.

Referências bibliográficas

ABRAMOWICS, A.; MOLL, J. (orgs.). *Para além do fracasso escolar*. São Paulo, Papirus, 1997.

ARROYO, M. Fracasso-sucesso: o peso da cultura escolar e do ordenamento da educação básica. In: ABRAMOWICS, Anete; MOLL, Jaqueline (orgs.). *Para além do fracasso escolar*. São Paulo, Papirus, 1997.

BRUNO, E. B. G. Desejo e condições para mudança no cotidiano de uma coordenadora pedagógica. In: PLACCO, V. M. N. S.; ALMEIDA, L. R. (orgs.). *O coordenador pedagógico e o cotidiano da escola*. 3. ed. São Paulo, Loyola, 2005.

CAIXETA, N. Como virar a página: Se não colocar a educação de cabeça para baixo, o Brasil não passará para a primeira divisão da economia mundial. *Brasil em Exame*, set. 1997. Disponível em www.educacaoonline.pro.br. Acesso em 6/5/2006.

CARVALHO, M. J. S. A agenda feminista e anti-racista para o currículo e a prática pedagógica. In: ABRAMOWICS, A.; MOLL, J. (orgs.). *Para além do fracasso escolar*. São Paulo, Papirus, 1997.

FREITAS, L. *A produção de ignorância na escola*. São Paulo, Cortez, 1998.

GOIS, A. Repetência e evasão voltam a crescer. *Folha de S.Paulo*, 23/9/2003. Disponível em www1.folha.uol.com.br/folha/educação. Acesso em 12/5/2006.

QUEIROZ, L. D. *Um estudo sobre a evasão escolar:* para se pensar na inclusão escolar. Disponível em www.anped.org.br/lucileidedomingosqueirozt13.rtf. ANPEd, 2002, 25ª. Reunião Anual. Acesso em 3/5/2006.

TAKAHASHI, F. País tem repetência maior que a do Camboja. *Folha de S.Paulo*. Disponível em www.folhacotidiano.com.br. Acesso em 26/4/2006.

O coordenador pedagógico e a questão da inclusão

Paulo César Geglio[1]
pcgiglio@hotmail.com

Um breve olhar sobre a inclusão

A abordagem da temática deste texto é efetivada a partir do escopo maior da obra, que é o de apresentar contribuições para a análise e a discussão relativas ao coordenador pedagógico e às questões contemporâneas. Questões que permeiam o ambiente escolar mas, de certa maneira, emergem de um contexto mais amplo e atingem todas as instituições sociais. A escola, por natureza ontológica um local de aprendizagem e de favorecimento da elevação do espírito crítico e democrático, não pode se furtar a discutir uma das questões mais importantes para a educação contemporânea: a inclusão. Embora seja necessário tecer algumas considerações a respeito da inclusão, não é nossa pretensão com este texto aprofundar a discussão, pois a esse respeito existe uma considerável quantidade de produções que apresentam um aprofundamento necessário para o estudo do tema.

---

1. Doutor em Educação: Psicologia da Educação. Professor da Universidade Federal da Paraíba.

É lugar-comum afirmarmos que vivemos em uma era de grandes avanços científicos, intensa produção e veiculação de conhecimento, com bons recursos tecnológicos e fácil acesso aos conhecimentos. Os resultados desse fenômeno, todos nós sabemos: mais conforto, comodidade, melhor condição de vida, de trabalho, poder de consumo, consciência de nossos direitos etc. Mas para vivermos nessa sociedade é necessário assumir responsabilidades, não só por nossos atos como pela edificação e pela manutenção de um mundo democrático, no qual as oportunidades e os direitos sejam relativos às necessidades e capacidades de cada indivíduo.

Essa responsabilidade implica aceitarmos uns aos outros do jeito como cada um é. Aceitar as diferenças das comunidades, dos grupos, dos indivíduos, no que se refere a suas características mentais, físicas, sociais, culturais, étnicas e religiosas. Esse é o princípio básico, inerente à convivência social, mas podemos fazer mais. Podemos contribuir para que as pessoas superem continuamente suas condições de vida, seus limites biológicos, sociais e culturais. Esse é, *grosso modo*, o sentido que atribuímos ao termo "inclusão".

A palavra "inclusão", do latim *inclusione*, significa o ato ou efeito de incluir. Podemos estender esse conceito para outros sentidos, como os de "juntar", "estar com", "fazer participar", "considerar como parte". Assim, uma nação inclusiva é aquela que atua em coletividade, mas preza o indivíduo, ou melhor, reconhece e preserva a identidade de cada um. Um lugar em que todos fazem parte, todos participam, todos atuam com suas possibilidades e diferenças, com seus limites, pensamentos, opiniões, crenças, gostos. Uma sociedade que repudia a marginalidade e a discriminação de qualquer ordem, que respeita as diferenças, que acolhe a todos, em todos os lugares. Inclusão também engloba o acesso de todos os cidadãos aos meios de comunicação (Internet, telefone, televisão, jornais, revistas) e de consumo dos bens e produtos minimamente necessários para uma vida digna.

A inclusão na escola

No contexto escolar, a ideia de inclusão quase sempre está associada ao ato de aceitar ou receber a criança e o adolescente portadores de necessidades especiais[2]. Porém, uma escola inclusiva deve estar preparada, do ponto de vista de sua arquitetura, dos processos pedagógicos, recursos materiais e profissionais, para muito mais. Ela deve acolher e trabalhar com todos: crianças, jovens, adolescentes e adultos que necessitam e têm direito à escola pública, gratuita e de qualidade. A escola tem de aceitar a todos, e para frisar esse "todos" vale a tautologia, "com suas diferenças", pois quando falamos no "todos" pensamos em cada um, e o cada um pressupõe as individualidades, as particularidades, portanto as diferenças. Diferenças que não estão circunscritas às necessidades especiais acima mencionadas, envolvendo, ainda, aquelas denominadas dislexia, hiperatividade, pobreza, assim como outras relacionadas a fatores psicológicos, sociais e culturais que também interferem no bom desempenho escolar do aluno e resultam em preconceito, discriminação e indiferença por parte da escola.

Assim como a sociedade, a escola deve promover a inclusão. Atualmente, ultrapassamos a quantidade de 6 bilhões de indivíduos no mundo e não somos iguais uns aos outros, e também não contamos com um modelo de tratamento universal, que atenda às individualidades representadas nas capacidades, carências e expectativas de cada ser. Portanto, só podemos estabelecer uma igualdade se admitimos que existem as diferenças, com as quais devemos trabalhar. Em outras palavras, só alcançaremos uma igualdade de oportunidades se tratarmos as pessoas diferentemente, ou seja, a partir de suas potencialidades intelectuais e de sua condição econômica, cultural, social.

O movimento para a inclusão das pessoas portadoras de necessidades especiais teve início na década de 1970, internacionalmente. No Brasil, começou a ter força nos anos 1990, em função da participação brasileira na Conferência Mundial sobre Educação para Todos, realizada na cidade de Jomtien, na Tailândia, e no Fórum Mundial da Educação, realizado em Dacar, no Senegal, no ano 2000.

---

2. Comumente entendidas como deficiência mental, auditiva, da fala, visual e física.

Na Declaração Mundial de Educação para Todos, aprovada pela Organização das Nações Unidas (ONU) em 1990, o direito do portador de necessidade especial de frequentar a sala de aula regular não está muito explícito. Essa garantia é evidenciada na Declaração de Salamanca, de 1994, na qual a Unesco expressa com clareza termos como "inclusão" e "educação inclusiva". No caso brasileiro, o documento aprovado pela ONU em 1990 se constituiu em base para a elaboração do Plano Decenal de Educação para Todos, de 1993. A Lei de Diretrizes e Bases da Educação Nacional, de 1996, explicita em seu capítulo V — Da educação especial — as condições mínimas, como currículos, métodos, técnicas, recursos educativos e organização, bem como a formação e capacitação dos professores para atender aos alunos portadores de necessidades especiais, preferencialmente na rede regular de ensino. Passada quase uma década, o que temos? Quais as condições das escolas, de formação e de condições de trabalho dos professores?

Sabemos que a escola não tem o poder de acabar com as mazelas sociais, como outrora se acreditou[3], mas tem um papel central na construção de uma sociedade mais justa e digna para a população. Que papel é esse? O que ela deve fazer? Como deve atuar? Não se trata aqui de discutir essa questão.

Com a hipótese de que, apesar das insuficientes condições das escolas, os profissionais que nelas atuam se esforçam para incluir a todos, partimos para a verificação das reais situações de algumas escolas, de trabalho e da compreensão de seus atores a respeito da inclusão de portadores de necessidades especiais.

---

3. Trata-se aqui de uma alusão ao pensamento e às políticas de educação no Brasil no início do século XX, que defendiam a difusão das escolas como uma forma de assegurar à nação um lugar no mundo desenvolvido. O primeiro momento desse movimento, que começou por volta de 1910 e durou até meados de 1920, ficou conhecido como "entusiasmo pela educação". Após isso, entrou em cena outro movimento, o "otimismo pedagógico". Este último, embora também enfatizasse a luta contra o analfabetismo, diferenciava-se do primeiro por defender a necessidade não apenas de disseminação da escola, mas de sua reformulação segundo um novo modelo pedagógico de educação.

Em um universo de 75 escolas públicas (municipais e estaduais) e particulares — estabelecidas em diferentes bairros da capital paulista; em alguns municípios da grande São Paulo, como Osasco, Suzano, Cotia, São Caetano do Sul, Guarulhos; no interior, como São José dos Campos, Jundiaí, Sorocaba, Americana; e no litoral (Praia Grande e São Vicente)[4] —, foram observados os seguintes aspectos: arquitetura, instalações, mobiliários, recursos materiais, sinalização, acessibilidade e atendimento. Além disso, aplicou-se um questionário aos coordenadores pedagógicos.

Com relação aos dados coletados, que consubstanciam a discussão deste texto, a maior parte foi coletada em escolas públicas da rede estadual, em segundo lugar nas privadas e por último nas municipais.

Públicas		Privadas	Total
Estaduais	55 (73%)	12 (16%)	75
Municipais	08 (11%)		

Quantidade de escolas visitadas

A maioria das escolas está localizada na capital paulista, em diversos bairros. Em segundo lugar está o interior, em terceiro a Grande São Paulo e por último o litoral.

Capital	Interior São Paulo	Grande	Litoral	Total
41 (55%)	19 (25%)	11 (15%)	04 (15%)	75

Localização das escolas visitadas

---

4. A coleta de dados foi realizada pelos alunos de duas turmas do curso de formação de professores das Faculdades Oswaldo Cruz. No contexto da disciplina Psicologia da Educação, que ministramos a eles no ano de 2005, abordamos a questão da inclusão dos portadores de necessidades especiais nas escolas regulares. Na ocasião, além das leituras, verificaríamos as condições das escolas para essa tarefa, assim como entrevistaríamos os coordenadores pedagógicos sobre as condições em que essa prática era efetivada. As escolas em questão eram os locais em que eles estagiavam ou já exerciam a atividade do magistério em caráter emergencial, dada a ausência de professores habilitados.

Além dos aspectos já mencionados, foi verificada a existência de pessoas portadoras de necessidades especiais (alunos, professores, funcionários), bem como de projetos, programas e ações voltados para a educação e o atendimento a essas pessoas. Essa etapa dependeu mais da observação do ambiente e de conversas com a direção e outros funcionários do que de dados coletados com os coordenadores pedagógicos.

Pela observação, registrada em relatório, pudemos perceber que a maioria das escolas visitadas ainda não está totalmente preparada para receber os portadores de necessidades especiais. Do ponto de vista da arquitetura e das instalações, as mais antigas tentam adaptar-se, com a construção de rampas, portas largas, banheiros mais espaçosos e com suportes. As construções mais recentes já apresentam essas características. No entanto, isso não é suficiente, pois as edificações, em forma de andares, dificultam o acesso de cadeirantes aos espaços da escola e restringem o uso de bibliotecas, laboratórios etc. A utilização de computadores também fica prejudicada, pois as mesas são baixas, o piso costuma ser irregular, há ausência de corrimão. Portanto, adaptar o ambiente não se resume a construir rampas e alargar portas; é necessário pensar em vários outros detalhes e nas múltiplas deficiências, por exemplo sinalização com código Braille quando a escola atende alunos com deficiências visuais. No que se refere ao aspecto estrutural, também não existem, por exemplo, na maioria das escolas, salas específicas para orientação e acompanhamento pedagógicos. Os recursos materiais são mínimos e de uso comum. Não há, por exemplo, fones especiais para portadores de baixa audição. A maioria das escolas visitadas não apresenta qualquer tipo de projeto, proposta ou ações específicas para a inclusão. Enfim, das 75 instituições, somente 12, aproximadamente 16% delas, afirmaram não possuir pessoas portadoras de necessidades especiais à época da coleta de dados. Ao menos, como declararam algumas, com diagnóstico médico. Mas fizeram afirmações que merecem destaque: "alunos com necessidades físicas, não. Apenas necessidade de se socializarem". Ou: "[...] com necessidades especiais, no que se refere à deficiência física não há, mas [...] atualmente temos inúmeros alunos com problemas de aprendizagem, ou seja, com falta de pré-requisitos para a série a cursar". Outra: "em nossa escola, não há PNE (portadores de necessidades especiais), mas temos alunos com deficiência visual moderada, um outro com distúrbio de comportamento e outro com DA (sic) (dificuldade de aprendizagem)".

Com base nas afirmações acima, podemos sugerir que o entendimento que alguns profissionais da educação possuem sobre a inclusão escolar está, prioritariamente, circunscrito às deficiências físicas, sobretudo as de locomoção e de movimentação dos membros. As necessidades ligadas à visão, à audição e a síndromes são consideradas em menor número de depoimentos.

Outro dado relevante foi a constatação, em uma das escolas observadas em região da Grande São Paulo, de que, entre os portadores de necessidades especiais, havia três professores, todos com deficiência de locomoção, e que a instituição não possuía rampas, corrimão, elevador, banheiro com suporte, piso sem desnível para facilitar a vida desses usuários e servidores. O relato de um coordenador pedagógico retrata o desconforto de tentar ser incluído sem sucesso: "Normalmente, os PNE acabam ficando pouco tempo na escola. Não se sentindo à vontade, eles tendem a procurar escolas específicas". A causa maior desse fato está muito mais na impossibilidade de acesso e locomoção, bem como na ausência de estrutura e proposta de trabalho específica, do que no acolhimento humano, que, embora espontâneo e desinformado, possui o germe da solidariedade, fundamental para a tendência à inclusão.

O coordenador pedagógico e a inclusão

A escolha do coordenador pedagógico (CP) como nosso interlocutor para discutir o processo de inclusão escolar foi realizada em função de diversos fatores inerentes à sua própria prática profissional, que nos coloca diante da amplitude de seu envolvimento com a escola. A abrangência de sua atividade é caracterizada pelo tempo, diário e semanal, que ele permanece na instituição e, sobretudo, pelo relacionamento que mantém com o conjunto dos professores — tanto do ponto de vista pessoal como profissional — além do contato com os pais, com os alunos e com os demais funcionários. Tal envolvimento, como registrou Almeida (2003) ao entrevistar CPs, é relatado como um movimento frenético. Podemos considerar que esse movimento é composto de uma simbiose de profissionalismo e pessoalidade, ou, se preferirmos, é uma relação entre ações estatutárias e particularidades do sujeito. Isso significa afirmar que seu envolvimento com os problemas, ou melhor, com a rotina da escola atinge uma magnitude e uma profundidade que extrapolam o âmbito de sua ação profissional.

Em determinadas situações, é possível verificar que a atuação do CP no cotidiano escolar ultrapassa, em muito, suas atribuições profissionais, em razão da burocracia e do ordenamento do sistema escolar. Muitas vezes, é possível notar que seu estatuto profissional é limitado, mas ainda assim ele age de maneira pessoal, com suas próprias condições. Focamos nosso olhar nesses momentos do CP, em que ele assume responsabilidades de caráter pedagógico e burocrático, com atividades programadas e assertivas, mas também com ações urgentes e incertas da escola, que estão além dos limites da profissão. Sobretudo diante desse desafio de acolher e atender a todos, com suas particularidades e necessidades, ele se revela um autêntico agente da inclusão.

Os CPs que colaboraram com nossa coleta de dados eram majoritariamente do sexo feminino. Dos 75 entrevistados, 48 (64%) eram mulheres e 27 (36%) homens. Sua formação inicial de graduação apresentou grande variação: licenciados em Geografia, Matemática, Letras, História, Educação Artística, Química, Biologia, Psicologia, Pedagogia e Sociologia. Há um predomínio maior dos formados em Pedagogia. Vários cursaram pós-graduação *lato sensu*, e alguns fizeram mestrado em Educação.

O primeiro questionamento que apresentamos aos CPs foi a respeito de seu conhecimento sobre a existência de alunos PNE na escola em que atuavam, e se conheciam todos ou, ao menos, aqueles de seu período de trabalho. Do total de entrevistados, dois afirmaram que não conheciam nem os do seu período de trabalho; outros dois confirmaram a existência de PNE na escola, mas não em seu período, e que, portanto, não os conheciam. A maioria, no entanto, afirmou conhecer, e alguns ainda acrescentaram os seguintes comentários: "Apesar de não ter muito contato com eles, pelo fato de serem de outras séries". "Conheço, pois o aluno, como qualquer outro, demanda algumas adaptações e orientações específicas para os professores e funcionários trabalharem aqui na escola." "Alguns são meus alunos." "Existe um programa para que possamos saber sempre que existe um PNE." "Existe, inclusive, um acompanhamento individual junto aos professores." "Estamos envolvidos com a inclusão, e faz parte da coordenação conhecer tais alunos." "Conheço todos pelo nome, e também conheço os pais." "Eu, pessoalmente, os avalio e faço orientação para os professores os ajudarem no processo de desenvolvimento social, cultural e intelectual." "Conheço todos e participo da vida deles na escola." Esses depoimentos revelam o envolvimento do CP com a inclusão escolar do PNE. Em algumas escolas, o número de alunos nessa condição é pequeno, mas em outras chega a trinta por escola.

Também questionamos os CPs a respeito de sua concepção de inclusão, se concordavam com a inclusão de PNE nas salas de aula regulares e sobre seu conhecimento da legislação e/ou textos acadêmicos que abordam essa questão.

Ao questionamento que apresentamos: Qual é sua concepção sobre inclusão?, o entendimento que a maioria revelou está associado diretamente à inclusão de PNE nas escolas. Esse fato é evidenciado pelos relatos, como nos seguintes casos: "É a inserção de alunos com necessidades especiais nas escolas, para uma 'suposta' inclusão posterior desses indivíduos na sociedade". "Para mim, é a adaptação da escola para receber alunos deficientes." "Inclusão é socializar a criança especial com a comunidade da escola e fazer com que essa comunidade também se socialize com ela." Somente doze entrevistados (16%) revelaram uma concepção de inclusão de maneira ampliada, isto é, como um processo de inserção social. Desse grupo, seguem algumas definições: "Inclusão é o direito da convivência, que trará respeito às diferenças, à individualidade, possibilitando o desenvolvimento [...]". "Inclusão é nossa capacidade de entender e reconhecer o outro e, assim, ter o privilégio de conviver e compartilhar com as pessoas diferentes de nós." "Uma postura de aceitar aquele que é diferente, não é igual. É mais que pluralidade cultural. Isso requer amor, atenção. É ajuda."

A maioria dos entrevistados concorda ser necessária a inclusão de PNE nas escolas, mas reclama das condições. Alguns deles se manifestaram da seguinte maneira: "Concordo, desde que o professor seja capacitado para atender aquele tipo de deficiência, e se há muitos alunos na sala esse professor deveria ter um auxiliar [...]". "Somente em alguns casos, pois o Estado não nos dá suporte [...]". "Concordo com a inclusão quando há comprometimento de todos os que estão envolvidos com o aluno." Uma pequena parcela de CPs declarou-se contra essa prática, da forma como ela é feita. Posicionaram-se assim: "Não concordo com a inclusão da maneira como é feita [...]". "Apesar de achá-la extremamente necessária, discordo do jeito como vem sendo feita. É imposta, sem que se discuta com todas as camadas envolvidas [...]." "Não se trata de discordar ou não, as escolas não estão estruturadas, nem têm pessoal capacitado para o trabalho [...]."

Essas declarações revelam claramente a angústia e a incerteza dos CPs em trabalhar com a educação de alunos PNE. Não se trata de uma rejeição, mas de um sentimento de incapacidade, de não saber o que fazer nas circunstâncias em que não existem instalações adequadas, infraestrutura e capacitação suficiente para dirimir as dúvidas e orientar os procedimentos de ação pedagógica. Eles não discordam efetivamente da inclusão de alunos PNE nas escolas, mas não têm certeza de como podem contribuir, como orientar os professores, a quem recorrer em certas situações. Sentem-se sozinhos, sem alguém para partilhar suas dúvidas. São cobrados pela direção, procurados pelos professores e sentem-se em débito com a sociedade. Como bem relatou o último entrevistado, não se trata de concordar ou não; o fato é que as escolas não estão estruturadas e os professores sem orientação adequada para esse desafio.

Partilhamos dessa angústia, dessa incerteza, dessa dúvida com eles, mas não podemos esperar que o sistema se adapte, que escolas modernas sejam construídas, que novos professores se formem, para depois iniciarmos a inclusão dos PNE, que necessitam da escola e a procuram. A conquista das melhorias e das ações para atendê-los será alcançada no processo de enfrentamento, na conscientização, na luta com eles. Poderíamos estar mais avançados nesse processo, com as escolas e os professores mais preparados, mas esse pouco que existe só foi possível porque eles foram inseridos. Se ficarmos esperando, não sairemos dessas pequenas conquistas. Embora a lei obrigue o Estado a oferecer condições dignas de educação para todos, a efetiva concretização desse direito só será atingida com as reivindicações, com a cobrança, com a fiscalização, enfim, com a participação da população na luta pela implementação dessa escola.

Quanto à pergunta para verificar se conheciam a legislação a respeito da inclusão de PNE, oito deles (aproximadamente 10%) responderam negativamente. Cinco (aproximadamente 6%) revelaram conhecer pouco. A maioria alegou conhecer, embora muitos não tenham se referido a nenhum documento. Os textos mais indicados, por aqueles que o fizeram, foram Parâmetros Curriculares Nacionais — PCN (5 vezes), Constituição Federal (1 vez), legislação estadual de São Paulo (2 vezes), legislação municipal (1 vez), Declaração de Salamanca (6 vezes), Estatuto da Criança e do Adolescente — ECA (4 vezes) e Lei de Diretrizes e Bases da Educação Nacional — LDBEN, nº 9394/96 (7 vezes). Alguns CPs manifestaram dúvidas na leitura e interpretação de documentos legais, como relatou um deles: "A legislação ainda é insuficiente, conflitiva, não chega a atingir a todos". Podemos perceber que há nesse depoimento uma confusão entre o que apresenta o texto legal, ou seja, o que estabelece a lei, e a efetiva prática do que ela determina.

Perguntamos aos CPs se eles tinham conhecimento de auxílio governamental específico para o atendimento aos PNE nas escolas. No caso da instituição de ensino privada, todos foram unânimes em dizer que não há, ou não conhecem. Em relação à escola pública, a maioria afirmou desconhecer qualquer tipo de auxílio dessa procedência. Alguns, no entanto, alegaram receber determinadas ajudas. Eles assim disseram: "Para deficientes visuais e auditivos são contratados três professores de apoio". "[...] colocaram profissional específico na língua de sinais, para atuar na sala de recursos." "O governo auxilia disponibilizando materiais didáticos direcionados aos PNE." "Só oficinas. Colocam à disposição da escola, caso necessite, mas nunca tivemos visita ou treinamento de um especialista." "[...] tem [...] o Centro de Formação e Acompanhamento à Inclusão." "[...] o que tem ocorrido são palestras pela Secretaria Estadual de Educação e pela Diretoria de Ensino." "A Prefeitura [...] nos oferece todo apoio necessário, através de profissionais qualificados e materiais adequados." "Existe material próprio para o trabalho com deficiente visual." "O governo do estado envia caderno ampliado e material didático adaptado (livros ampliados), caneta hidrocor para que a escrita realizada pelo aluno seja destacada."

Foram doze os entrevistados que afirmaram receber algum tipo de auxílio governamental. Outros disseram que a verba enviada pelo poder público é única (sem distinção) para as despesas da escola, mas não especificamente para atividades com os PNE. Em alguns casos, percebemos que há um apoio do poder municipal, mas isso varia de uma cidade para outra. Não se investigou por que, no âmbito estadual, alguns afirmam ter recebido auxílio e outros, não. Conjeturamos que, por haver relativa autonomia das diretorias de ensino na propositura de ações voltadas para as escolas, há diferenças na disponibilidade de recursos e na oferta de cursos, encontros, palestras etc. Também não podemos negar que há ações e disponibilidade de recursos governamentais para inclusão de PNE nas escolas. A questão é que os investimentos e as políticas, não só em relação ao PNE mas quanto à educação em geral, são insuficientes para que tenhamos uma educação escolar de qualidade e digna para todos.

Perguntamos ao CPs se eles promoviam alguma ação de inclusão, no sentido mais geral do termo, e se participavam na educação dos PNE de sua escola. A primeira questão foi entendida, pela maioria, como restrita à educação. As respostas foram negativas ou com pouca clareza quanto ao tipo de ação desenvolvida. Dezenove dos entrevistados afirmaram ter envolvimento em ações, projetos ou programas para a inclusão. Alguns assim se manifestaram: "Trabalhamos desenvolvendo atividades lúdicas e de coordenação motora, voltadas para cada uma dessas crianças [...]". "Sim, no período noturno há um projeto de inclusão entre os alunos de diferentes faixas de idade (19-60 anos) [...]." "Sim, na avaliação trabalhamos em conjunto, todas as pessoas que se envolvem com o aluno são incluídas [...] terapeuta, mãe, professora, [...]." "[...] atualmente desenvolvi um projeto de 'saúde ocular', em que todos os alunos da escola fizeram exames [...] e os alunos com necessidades visuais ganharam os óculos [...]." "Sim, o projeto de valores humanos que promove a integração das crianças com seus colegas [...]."

Quanto à sua participação na educação dos PNE da escola em que trabalham, os CPs declararam ter uma atuação indireta, com o apoio e orientação aos professores, reuniões com os pais, entrevistas com os alunos para conhecer suas necessidades, promoção de encontros, oficinas, campanha de doação de livros, eventos sociais, palestras. Quatro entrevistados afirmaram participar diretamente, pois, além de CP, também são professores de turmas com alunos PNE. Três CPs disseram que não participam, e a maioria, exceto aqueles cujas escolas não têm PNE, alega participar. Consideramos indireta essa participação, pois eles não se relacionam diretamente com esses alunos. Seu envolvimento se dá principalmente na ação junto ao corpo docente e à família.

A questão apresentada aos CPs relativa à sua participação na educação dos PNE está relacionada com outra: de que maneira o coordenador pedagógico auxilia os professores que trabalham com esses alunos? Aqueles que responderam negativamente à questão anterior alegaram não haver tempo para auxiliar o professor, ou que, simplesmente, cada professor desenvolvia seu trabalho. Os que manifestaram envolvimento direto disseram auxiliar os professores no planejamento metodológico, assim como na preparação de material pedagógico e com conversas. A maioria afirmou auxiliar o professor com o oferecimento de textos e livros, ou por meio da indicação de palestras, ajuda no planejamento, reuniões, discussões e conversas individuais. Alguns se manifestaram da seguinte maneira: "Participo das atividades em sala, elaborando novas atividades de acordo com as necessidades e encaminhando-os [os professores] para cursos especializados". "Em tudo aquilo que ele, porventura, possa me solicitar, por exemplo telefonar para os pais [...], ajudar o aluno a se locomover, ir ao banheiro, na hora do lanche." "Eu participo das aulas." "Definindo estratégias de ação pedagógica, estimulando a participação em cursos e palestras, leituras [...], enfim, apoio necessário e possível."

Questionamos os CPs a respeito do apoio da direção da escola, bem como sobre a participação e a aceitação da comunidade no trabalho com PNE e a forma como isso acontece. A expressiva maioria disse que não há apoio ou participação da comunidade. Em relação à direção, apontam um apoio "moral", isto é, muito mais verbal que em ações, como nesta afirmação: "Apoio há, mas atitudes propriamente ditas não, pois nem sabem como fazê-lo". Outros confirmam certo apoio da comunidade, como relatou uma CP: "[...] conforme a maneira deles, nos cobram e apoiam no necessário". Alguns admitem o envolvimento e o apoio da direção em ações concretas, como participação em reuniões, discussões, palestras, debates, elaboração de propostas pedagógicas, compra de materiais etc. Não obstante, esse número de diretores envolvidos é pequeno, não chega a 10% do total de entrevistados. Também a mesma quantidade de CPs (aproximadamente 10%) disse não receber qualquer tipo de apoio da direção ou da comunidade. Eles disseram que "Não há apoio de ninguém, nem do governo, nem da diretoria e nem da comunidade".

Solicitamos aos CPs que relatassem qual era sua atitude no momento em que um aluno PNE era matriculado. Os relatos são múltiplos, e as preocupações variadas, como: colocar o aluno na sala em que o professor é uma pessoa com paciência, verificar as condições de acessibilidade para o aluno, esclarecer aos pais e ao aluno que a escola não está adaptada, solicitar diagnóstico profissional sobre a deficiência, entrevistar os pais, conhecer os pais, orientar os professores, integrar o aluno à comunidade da escola, interagir com a turma para perceber a receptividade em relação ao PNE, preparar material, estudar novas metodologias. Também houve alguns que disseram que nada fazem; outros alegaram que só ficam sabendo do aluno depois que ele já frequenta a escola há um bom tempo.

As preocupações mais evidenciadas por eles são: saber o diagnóstico, orientar os pais a auxiliar o filho no processo de escolarização, auxiliar os professores, colocar o aluno com o professor com perfil para um trabalho diferenciado, como relatou um entrevistado: "Minha preocupação é colocá-lo em uma sala onde o professor tenha o perfil para tratar com esse tipo de aluno, o período mais adequado e até mesmo se os colegas de sala vão aceitá-lo". Verificamos que a preocupação maior é com o aluno PNE, mesmo quando há, inicialmente, uma tendência à rejeição, como afirmou uma entrevistada: "Em princípio há uma rejeição, mas depois faço um trabalho psicopedagógico para facilitar a inclusão". A rejeição relatada por ela tem o significado de um temor em relação a uma possível incapacidade dela e às condições da escola em atender aquele aluno. Ainda a esse respeito, outro CP assim se expressou:

> Há um misto de alegria e tristeza. Alegria porque será um ser humano a mais a deixar de ser excluído, a ter uma vida social ativa, sentir-se cidadão. Tristeza porque as dificuldades a ser enfrentadas por esse mesmo ser humano serão enormes. Não podemos nos esquecer de que inclusão sim, sempre, mas desde que haja estrutura suficientemente oferecida por nossos governantes.

O depoimento acima revela, portanto, a conscientização que o CP tem do papel da escola na promoção do processo de socialização, mas também o medo, a dúvida, a incerteza de não ser capaz de contribuir para a formação desse cidadão, de prejudicar o desenvolvimento de alguém que poderia ter um melhor amparo em outra instituição. O CP, muitas vezes, não percebe que, apesar das dificuldades da escola, da carência de orientação dos professores, o avanço mais significativo que o PNE pode ter, e que não se compara ao de outras instituições, é sua integração e participação no meio social, é a aceitação de si mesmo junto aos demais.

Por fim, perguntamos ao CPs o que mudou em sua rotina de trabalho a partir da inclusão de alunos PNE. Aproximadamente 30% deles disseram que não houve alteração em sua rotina. Temos de considerar que boa parte deles, ao assumir sua função, já encontrou essa realidade, e também há os que já assumiram a prática da inclusão em sua rotina, como afirmou um deles: "Não, os PNE não alteram a rotina de trabalho, pois já existe uma prática de lidar com eles". Outro CP disse que não teve sua rotina alterada porque todos os alunos são tratados de maneira igual. Essa igualdade, conjeturamos, é uma forma de não discriminar o aluno PNE, para que ele não se sinta diferente, ou seja, com um sentimento de inferioridade, menos capaz.

A maioria, no entanto, afirmou que houve uma alteração em sua rotina de trabalho, por ter de passar mais tempo com os professores que atuam com os PNE, bem como pelo atendimento aos pais, ou por ter de elaborar e revisar materiais e supervisionar metodologias. Alguns manifestaram as alterações em suas rotinas da seguinte maneira: "[...] As tarefas aumentaram, sem dúvida. A preparação e a atualização são mais intensas e necessárias [...]". "A rotina foi um pouco alterada, devido ao maior tempo dedicado ao aluno, logo que é matriculado [...]." "[houve] algumas alterações para a entrada e saída; cinco minutos antes do início e término da aula, esses alunos são deslocados para a próxima sala ambiente [...]." "Sim, apesar de não estar diretamente em contato diário e pedagógico com essas crianças, fiz um curso de LIBRAS, a Linguagem Brasileira de Sinais [...]."

Outra entrevistada, apesar de negar alteração em sua rotina de trabalho, manifestou-se com o seguinte relato: "Não, apenas passei a ser uma pessoa mais sensível e feliz por ter essa oportunidade de trabalhar com alunos tão importantes em minha atuação pedagógica e na vida. Acho que aprendo com eles, a cada dia". Esse depoimento e outros que registramos corroboram a afirmação que fizemos anteriormente a respeito da amplitude e do envolvimento do CP com sua prática profissional: sua atuação extrapola os limites do estatuto profissional e atinge as relações sociais e afetivas dele.

Concluindo...

Há vários outros aspectos para abordarmos sobre a relação do CP com a inclusão do PNE na escola regular, bem como outras análises e observações dos depoimentos que colhemos com eles, embora tenhamos priorizados esses.

Nossa intenção, neste texto, não foi revelar as deficiências gerais da maioria das escolas no que se refere ao atendimento dos alunos PNE. Isso não é novidade para quem nelas trabalha ou utiliza seus serviços. A contribuição que acreditamos ser relevante diz respeito à maneira como os CPs atuam nessas escolas, como enfrentam as dificuldades, o que pensam sobre a inclusão de PNE nesse contexto, de que forma e com que intensidade se envolvem com essa realidade, e como participam da educação desses alunos; enfim, que papel eles desempenham na escola inclusiva.

Ao socializar os dados que coletamos com CPs, temos o objetivo de mostrar que a conquista de uma escola pública e com qualidade não é tarefa somente dos profissionais que atuam na escola. São necessárias políticas públicas que considerem não só os que têm condições de ser incluídos nas escolas, mas também os que necessitam de atendimento especial, mesmo que muitos destes precisem, ainda, de atendimento em centros especializados. Essa é uma luta pela democracia e por uma sociedade mais justa e equitativa, para a qual a expressiva maioria dos CPs que entrevistamos está dando sua contribuição.

Referências bibliográficas

ALMEIDA, L. R. de. Um dia na vida de um coordenador pedagógico de escola pública. In: PLACCO, V. M. N. S.; ALMEIDA, L. R. (orgs.). *O coordenador pedagógico e o cotidiano da escola*. São Paulo, Loyola, 2003.

BRASIL. Lei de Diretrizes e Bases da Educação Brasileira n. 9.394/96. Diário Oficial da União, Brasília, 1996.

_____. Declaração de Salamanca e Linha de Ação sobre Necessidades Educativas Especiais. Brasília, Corde, 1997.

BRUNO, E. B. G.; ALMEIDA, L. R.; CHRISTOV, L. H. (orgs.). *O coordenador pedagógico e a formação docente*. São Paulo, Loyola, 2000.

GÓES, M. C. R.; LAPLANE, A. L. F. (orgs.). *Políticas e práticas de educação inclusiva*. São Paulo, Autores Associados, 2004.

GUIMARÃES, Ana A. et al. *O coordenador pedagógico e a educação continuada*. 3. ed. São Paulo, Loyola, 2000.

PLACCO, V. M. N. S.; ALMEIDA, L. R. (orgs.). *O coordenador pedagógico e o cotidiano da escola.* São Paulo, Loyola, 2003.

RAMOS, R. *Passos para a inclusão.* Algumas orientações para o trabalho em classes regulares com crianças com necessidades especiais. São Paulo, Cortez, 2005.

SIMÃO, A.; SIMÃO, F. *Inclusão. Educação especial — educação essencial.* 2. ed. São Paulo, Livro Pronto, 2005.

O coordenador pedagógico e a questão do registro¹

Mônica Matie Fujikawa²
mmfujikawa@uol.com.br

No processo de construção do conhecimento, professores e coordenadores estabelecem vínculos, reelaboram saberes e direcionam os encaminhamentos, evidenciando seus compromissos profissionais. Nesse processo, o coordenador pedagógico assume um papel importante no estabelecimento da parceria e na divisão de responsabilidades, no credenciamento e na valorização das conquistas realizadas, no planejamento de novos instrumentos de reflexão e de avaliação e, principalmente, no trabalho de formação de professores.

Esse papel do coordenador pode ser instrumentalizado e fortalecido por meio do registro.

---

1. Este texto foi elaborado a partir da dissertação de mestrado "O registro como pretexto e como objeto de reflexão da prática pedagógica: um exercício de parceria entre coordenadora e professores", apresentada na Universidade Metodista de São Paulo, Umesp, em 2004.
2. Coordenadora pedagógica da Escola HeiSei, tutora de curso de formação de orientadores pedagógico-educacionais via web e professora da Universidade do Vale do Paraíba (Univap).

O registro escrito da prática pedagógica constitui um instrumento de reflexão e uma *oportunidade formativa* (Warschauer, 2001) importante no processo de revisão das práticas de coordenadores e professores, além de ser um elemento significativo para o estabelecimento de vínculos e parcerias profissionais. Os registros aos quais me refiro e atribuo valor são os realizados por professores e *também* pelos coordenadores nos mais diferentes contextos de reflexão educativa: o registro em diários; os registros em relatórios de alunos (individuais e de grupo); os registros em forma de sínteses de reuniões entre coordenadores e professores (individuais e de grupo); a escrita do relatório de avaliação do trabalho realizado (individual e de grupo).

Essas modalidades de registro consideram, expõem e abrangem diferentes aspectos do cotidiano escolar, além das "leituras" da realidade nas perspectivas de quem as produziu (considerando o contexto em que foram produzidas). Ao reconstituir e organizar os fatos, fenômenos, situações e sentimentos de sua prática para registrá-los por meio da escrita, professores e coordenadores lançam um novo olhar sobre sua ação pedagógica. Nesse processo, *a narração pode desdobrar-se em reflexão.*

O registro documenta, traduz aquilo que se faz (ou que se pensa que se faz). Na escrita de sua prática, o educador (professor ou coordenador) assume a *autoria* daquilo que faz, de suas escolhas e opções, avaliando as decisões tomadas, revelando as concepções sob as quais apoia suas ações (mesmo quando, por vezes, esse conteúdo está "oculto" em sua escrita).

Ao promover a socialização desses registros nas diversas situações formativas, o coordenador pedagógico torna possíveis a *partilha* dos conhecimentos construídos e o confronto de ideias e posicionamentos, o que constitui um momento privilegiado de reflexão conjunta sobre o trabalho realizado. Compartilhar as diferentes leituras que professores e coordenadores realizam do contexto escolar e das interações ocorridas nesse espaço, pelo diálogo e pelo esclarecimento das intenções educativas, pode constituir-se em oportunidades formativas para professores e coordenadores, que, juntos, têm a possibilidade de construir o trabalho pedagógico:

trocando informações, revendo ideias, partilhando as responsabilidades da/na ação docente e estabelecendo parcerias.

A escrita da experiência, quando é lida por outros, leva-nos a sair de nós mesmos para sermos capazes de partilhar os pensamentos, provocando a passagem do implícito para o explícito. [...] a escrita para o outro é, ao mesmo tempo, formadora da capacidade de partilhar. Inicia-se uma implicação grande, construindo um afastamento. É um movimento formador porque distanciador: nosso olhar recebe um outro reflexo (Warschauer, 2001, p. 190).

As situações de confronto (dos diferentes pontos de vista, das atuações, das concepções) ampliam o referencial de análise e de interpretação da prática educativa, na medida em que expõem formas diferentes de agir *em* e pensar *a* educação. Os confrontos revelam o "lugar" de onde coordenadores e professores se pronunciam sobre o cotidiano vivido: que considerações fazem, em que concepções está fundamentada a postura profissional de cada um e como professores e coordenadores se veem implicados no coletivo.

O registro escrito e a construção da autoria

A escrita sobre a prática docente exige um distanciamento da situação vivida, propiciando um novo olhar para essa situação. Rememorar as ações, as reações, os sentimentos que emergiram, a "pauta" da aula, a seleção dos conteúdos, as intervenções, a metodologia utilizada, o que ocorreu de acordo com o previsto, o inusitado/inesperado significa lançar para essa situação uma segunda leitura, uma (re)visão do que foi vivido e praticado. Registrar a prática educativa por meio de diários, relatórios, sínteses de reuniões e avaliação constitui um meio oportuno para promover essa releitura do trabalho.

É importante refletir sobre a *finalidade* desses registros considerando os aspectos ético e político presentes nessa questão. *Ético* porque, ao expressar o pensamento de seu autor (desvelando suas escolhas e decisões), a escrita pode revelar os princípios e os valores que movem, motivam e orientam o comportamento e as ações humanas; *político* porque envolve intencionalidade, posicionamento e comprometimento do autor no que concerne à sua ação educativa. Freire (1994, p. 15-16) sintetiza essas duas dimensões ao expor o significado que a experiência da escrita lhe suscita:

> Escrever, para mim, vem sendo tanto um prazer profundamente experimentado quanto um dever irrecusável, uma tarefa política a ser cumprida. [...] Não escrevo somente porque me dá prazer escrever, mas também porque me sinto politicamente comprometido, porque gostaria de convencer outras pessoas, sem a elas mentir, de que o sonho ou os sonhos de que falo, sobre que escrevo e por que luto valem a pena ser tentados. A natureza política do ato de escrever, por sua vez, exige compromissos éticos que devo assumir e cumprir.

Ao escrever sobre suas práticas pedagógicas, professores e coordenadores assumem seu posicionamento e a *autoria* do trabalho realizado, expressando o sentido que atribuem a seu fazer pedagógico. Que aspectos cada profissional destaca de sua prática e das relações que nela se estabelecem? O que cada um considera relevante assinalar?

Considerando que "escrever é imprimir o próprio pensamento" (Warchauer, 2001, p. 187) e que a expressão do pensamento se efetiva no terreno do social (Bakhtin, 1999), a análise do grupo social que participa dessa interlocução e do contexto em que ele se insere é determinante para a compreensão da palavra como signo.

> Toda palavra serve de expressão a um em relação ao outro. Através da palavra, defino-me em relação ao outro, isto é, em última análise, em relação à coletividade. A palavra é uma espécie de ponte lançada entre mim e os outros. [...] A palavra é o território comum do locutor e do interlocutor (Bakhtin, 1999, p. 131-132).

À medida que expõe os pontos de vista, as impressões ou mesmo quando descreve o trabalho realizado, o locutor entra em contato com seus questionamentos internos, sob influência do ambiente social que o envolve. A análise dessa interação constitui foco importante, visto que o confronto entre professores e coordenadores em relação às diferentes interpretações do trabalho realizado pode gerar boas oportunidades para que cada profissional *compreenda* a leitura da realidade na perspectiva do outro e também para que amplie a compreensão do ambiente social que o envolve.

Para Bakhtin (1999, p. 131-132), "qualquer tipo genuíno de compreensão deve ser *ativo*, deve conter já o germe de uma resposta. [...]. Compreender a enunciação de outrem significa orientar-se em relação a ela, encontrar o seu lugar adequado no contexto correspondente". O *confronto* de ideias destaca-se como mediador no intercâmbio de significações entre esses pares profissionais e, nesse processo, pode possibilitar a ampliação das perspectivas de compreensão da realidade.

Com base nessas considerações, compreendo que a escrita da prática pedagógica contribui para a construção da autoria do trabalho realizado quando:

— o autor atribui sentido a essa escrita: assumindo seus posicionamentos e comprometendo-se com eles;

— o autor reflete sobre a escrita elaborada, apropriando-se de seu próprio pensamento;

— há possibilidade de socialização da escrita entre pares profissionais (professores e coordenadores), ampliando seu potencial formativo;

— ao considerar a importância do *outro* nessa construção, "nosso olhar recebe um outro reflexo", favorecendo a revisão ou o fortalecimento de nossos posicionamentos e ampliando o reconhecimento do terreno social em que nossas ações se concretizam.

O registro como objeto e como pretexto de reflexão da prática pedagógica

Zabalza (1994) destaca a *reflexão* como uma dimensão importante que constitui a elaboração dos diários de aula (e que, a meu ver, é igualmente relevante na elaboração de outras modalidades de escrita, como as sínteses de reuniões, o relatório de avaliação do trabalho ou as avaliações de desempenho). Seguindo a terminologia de Jackobson, expressa que a reflexão projeta-se nos diários em duas vertentes *complementares* (destaque meu): a vertente referencial e a vertente expressiva:

— uma reflexão sobre o objecto narrado: o processo de planificação, a condução da aula, as características dos alunos, etc. (a semântica da narração variará de acordo com a instrução que delimita o espaço a apresentar a intenção do diário). Nos diários, como nas entrevistas, são frequentes as descrições sobre a situação da escola em que os professores desenvolvem as tarefas, sobre as características dos alunos, sobre os aspectos objetivos da condução das aulas, etc. É a isto que me refiro quando falo de componente referencial dos diários (p. 95).

— uma reflexão sobre si próprio, sobre o narrador (uns fazem-na considerando o eu como actor e, por conseguinte, como protagonista dos factos descritos, e outros fazem-na enquanto pessoa e, por conseguinte, capazes de sentir e sentir-se, de expor emoções, desejos, intenções, etc.). É o que eu denomino componente expressiva dos diários (p. 95-96).

Ao escrever sobre suas práticas, professores e coordenadores referem-se tanto ao objeto narrado (a aula, o planejamento, os conteúdos trabalhados, os momentos de formação) quanto às reflexões que fazem sobre si mesmos ao lidar com as diversas situações do cotidiano. A análise de algumas modalidades de registro que podem se constituir em objetos de reflexão da prática pedagógica revela especificidades de informações e considerações que reforçam a presença dessas duas vertentes:

Registro em diários

As anotações realizadas nos diários podem revelar a história do percurso do educador, considerando:
— as relações estabelecidas com os alunos/os e professores, os procedimentos utilizados, as atitudes observadas no grupo e a construção dos vínculos;

- a relação com o conteúdo trabalhado (o que foi significativo para o grupo de alunos e para o professor/o coordenador; que considerações foram feitas em relação à faixa etária e aos interesses e necessidades do grupo; que conteúdos foram priorizados e com que abordagem);
- as concepções de ensino/aprendizagem presentes na prática descrita e relatada;
- os dilemas e os desafios enfrentados no cotidiano, as dificuldades e suas superações (ou não);
- as análises dos erros e dos acertos praticados — as mudanças e permanências, as situações recorrentes...

Registro em relatórios de alunos (individual e de grupo)

A análise desta modalidade de registro pode revelar o trabalho realizado (suas metodologias, suas rotinas, seus processos) na medida em que:
- documenta o que foi realizado (eixo de estudos, encaminhamentos, produções);
- revela a autoria do professor em cada trabalho proposto, considerando que este sempre se constitui único e autêntico, em função das diferenças do grupo, dos movimentos e das dinâmicas na sala de aula, das intervenções, do inusitado, do imprevisível;
- registra a história do grupo: conquistas, desafios, movimentos, construção de vínculos e do conhecimento.

Registro em forma de síntese de reuniões de professores (individual e de grupo)

Nesta modalidade de registro, é possível evidenciar a sistematização do conhecimento construído na formação de professores. Ao informar sobre a pauta e sobre o desenvolvimento e o envolvimento dos participantes das reuniões, o registro:
- possibilita identificar os conteúdos trabalhados nas reuniões e a forma como se desenvolveram;

— permite identificar as necessidades do grupo e/ou dos professores individualmente, a partir das colocações, dos questionamentos e das reações por ele(s) manifestados;
— expressa as referências teóricas consideradas no planejamento das reuniões e como foram orientadas/sistematizadas na prática;
— revela os movimentos do grupo/professor no processo de formação: como se iniciou, como se deu o envolvimento nos diferentes momentos do percurso, que conflitos emergiram, que avanços ocorreram, que desafios foram expostos no decorrer dos encontros, entre outros aspectos.

Escrita do relatório de avaliação do trabalho realizado (do professor para o coordenador e do coordenador para o professor)

Esta modalidade pode revelar as ações, as interações, o sentido e o valor atribuídos ao trabalho desenvolvido. Permite repensar a prática pedagógica na medida em que essas avaliações escritas:
— recuperam todas as considerações feitas pelas demais modalidades de escrita: as relações, as situações vividas, o que foi significativo para o professor, os alunos e a coordenadora, o conhecimento construído com o grupo, entre outras;
— revelam as escolhas e o posicionamento do professor e da coordenadora diante das diferentes situações vivenciadas no cotidiano escolar;
— indicam os focos de atuação e os esforços empreendidos na realização do trabalho docente;
— expressam de maneira mais explícita os níveis de satisfação/insatisfação, envolvimento/distanciamento, expectativas/realizações em relação à instituição, aos pares profissionais e à formação de professores, entre outros.

Convém ressaltar a importância que a *complementaridade* e a *integração* dessas duas vertentes (referencial e expressiva) apresentam para que a escrita propicie reflexão, evitando que o componente referencial se reduza a meras descrições das ocorrências diárias, tornando o processo de escrita mecânico.

A elaboração de registros escritos no decurso do trabalho escolar, permeado de percalços e avanços, conflitos e conciliações, dilemas e suposições — relatados na escrita —, permite objetivar o contexto de trabalho. Isso não significa *cristalizar* as ações, as atitudes, os comportamentos, considerando-os imóveis, imutáveis ou determinados porque *jazem* escritos. Implica, sim, considerar as *possibilidades* que o registro escrito apresenta no sentido de *revelação da realidade capturada*, permitindo analisar também o que se revela pela ocultação de dados na escrita. A elaboração de registros assinala as oportunidades de revisão e alteração das atuações e intervenções em função das necessidades e das decisões prementes na prática educativa, geradas pelo confronto com os professores na procura da coerência entre teoria e prática, intenção e ação, desejo e realidade.

A socialização e a análise dos registros constituem bons pretextos para discussões e reflexões sobre as intenções e as realizações do trabalho desenvolvido, gerando importantes questionamentos sobre "o fazer e pensar sobre o fazer" (Freire, 1999, p. 43). Esse movimento possibilita a problematização da prática pedagógica, exigindo dos coordenadores e dos professores clareza e rigor na análise da coerência entre a idealização e a concretização de suas ações e na procura de fundamentos que as justifiquem. Freire (1999, p. 44-45) ressalta a importância da reflexão crítica sobre a prática na formação de professores:

> É pensando criticamente a prática de hoje ou de ontem que se pode melhorar a próxima prática. O próprio discurso teórico, necessário à reflexão crítica, tem de ser de tal modo concreto que quase se confunda com a prática. Seu "distanciamento" epistemológico da prática enquanto objeto de sua análise deve dela "aproximá-lo" ao máximo. Quanto melhor faça esta operação tanto mais inteligência ganha da prática em análise e mais comunicabilidade exerce em torno da superação da ingenuidade pela rigorosidade. Por outro lado, quanto mais me assumo como estou sendo e percebo a ou as razões de ser de por que estou sendo assim, mais me torno

capaz de mudar, de promover-me, no caso, do estado de curiosidade ingênua para o de curiosidade epistemológica.

Socialização dos registros na formação de professores: espaços para produção de sentidos, confrontos e construção de parcerias

Considerando que uma das principais funções do coordenador pedagógico incide na formação de professores, é oportuno esclarecer que, neste texto, *trato da formação de professores no espaço da própria instituição escolar*, abrangendo os espaços reservados, na escola, para a discussão sobre a prática pedagógica — quando professores e coordenadores implicam-se individualmente e no coletivo expondo questões, dilemas e desafios que emergem do trabalho docente. Essa dinâmica interação pode possibilitar a partilha de conhecimentos, o desvelamento das intenções pedagógicas, a construção do trabalho conjunto, bem como a projeção e o planejamento de trabalhos futuros.

> O território da formação é habitado por actores individuais e colectivos, constituindo uma construção humana e social, na qual os diferentes intervenientes possuem margens de autonomia na condução dos seus projectos próprios. A formação contínua é uma oportunidade histórica para que se instaurem dispositivos de partenariado entre os diversos actores sociais, profissionais e institucionais. [...]
>
> A aprendizagem em comum facilita a consolidação de dispositivos de colaboração profissional. Mas o contrário também é verdadeiro: a concepção de espaços colectivos de trabalho pode constituir um excelente instrumento de formação (Nóvoa, 1992, p. 30).

Os momentos de socialização dos registros evidenciam contradições, expectativas, necessidades, faltas, conquistas e avanços que emergem do cotidiano de trabalho. A análise e a discussão dos significados que cada um atribui ao exercício de suas funções (individual e coletivamente) constituem importante fonte de leitura da realidade para a atuação e o planejamento do coordenador pedagógico. Orsolon

(2001, p. 21-22) destaca a importância de trazer essas análises para o centro das discussões na construção do trabalho coletivo:

> A mudança da escola só se dará quando o trabalho for coletivo, articulado entre todos os atores da comunidade escolar, num exercício individual e grupal de trazer as concepções, compartilhá-las, ler as divergências e as convergências e, mediante esses confrontos, construir o trabalho. O coordenador, como um dos articuladores desse trabalho coletivo, precisa ser capaz de ler, observar e congregar as necessidades dos que atuam na escola; e, nesse contexto, introduzir inovações, para que todos se comprometam com o proposto.

A utilização dos registros como um dos recursos possíveis para a construção do trabalho coletivo possibilita trazer para o núcleo das discussões pedagógicas as diversas concepções presentes no contexto escolar. O coordenador pedagógico assume um papel importante nesse processo de revisão e de reflexão da prática pedagógica: problematizando o trabalho docente, confrontando os diversos pontos de vista ou diferentes concepções presentes no espaço escolar, propiciando aberturas para o diálogo, a discussão e o planejamento das ações conjuntas.

No processo de leitura e de análise do contexto escolar (sem esquecer que este se insere e se relaciona em uma teia mais ampla, mediada pelo político, pelo social, pelo histórico e pelo cultural), diferentes interpretações do real se intercruzam, não só pelos acontecimentos objetivos que ocorrem nesse âmbito, mas, principalmente, porque a interpretação desses acontecimentos ou fenômenos é mediada pelas *subjetividades* dos sujeitos que vivem e *convivem* nesse real. Essa mediação e essa *con-vivência* constituem aspectos importantes para a compreensão dos processos de reflexão da prática pedagógica, porquanto permitem gerar novas intervenções e alterações nessa prática, de maneira que se interfira, *intencionalmente*, no sistema mais amplo deste contexto.

O conceito de subjetividade considerado ancora-se em González Rey (2003), que o aborda numa perspectiva histórico-cultural. Para esse autor, a teoria da subjetividade orienta-se para o conhecimento dos processos de *produção de sentido*³ e de suas diferentes maneiras de organização, tanto no nível individual como nos diversos espaços sociais dentro dos quais organiza suas práticas:

> O indivíduo, na qualidade de sujeito, define cada vez maiores responsabilidades dentro dos diferentes espaços de sua experiência social, gerando novas zonas de significação e realização de sua experiência pessoal. A condição de sujeito é essencial no processo de ruptura dos limites imediatos que o contexto social parece impor, e é responsável pelos espaços em que a pessoa vai modificando esses limites e gerando novas opções dentro da trama social em que atua (p. 237).

González Rey considera as contribuições de vários autores (do campo da psicologia e da filosofia) para o estudo da subjetividade. Entre eles, destaco Castoriadis (1999, p. 35), para quem

> A questão do sujeito não é a questão de uma "substância", mas de um projeto. A questão do sujeito é, em primeiro lugar, a questão do ser humano, a questão da psique, para começar, mas é também a questão do sentido e, também, a questão da própria questão. O sujeito é essencialmente aquele que faz perguntas e que se questiona, seja no plano teórico ou no que chamamos prático. Chamarei *subjetividade* à capacidade de receber o sentido, de fazer algo com ele e de produzir sentido, dar sentido, fazer com que cada vez seja um sentido novo.

O conceito de subjetividade defendido por esses autores engloba ideias importantes para as análises das leituras do trabalho realizado nas perspectivas dos professores e dos coordenadores e para a avaliação do papel do coordenador pedagógico como articulador de possibilidades na construção de "novas zonas de significação e

---

3. Para González Rey, a categoria de sentido é inseparável de uma carga emocional que chama de *sentido subjetivo,* "não pelo fato de que as significações não o sejam, mas para enfatizar o sistema dentro do qual os sentidos aparecem [...]. O sentido está associado a uma produção estável de emocionalidade que não se reduz aos significados que se configuram nele, o qual dá uma estabilidade e uma força dinâmica irredutíveis a um significado" (p. 101-102).

de realização de sua experiência pessoal" (em uma dimensão mais específica) e na geração de "novas opções dentro da trama social em que atua" (em uma dimensão mais geral de sua função).

As análises das informações contidas nos registros elaborados por professores e coordenadores ampliam as possibilidades de compreensão dos *sentidos* que esses profissionais atribuem a suas ações docentes. Considero que a ação do coordenador pedagógico inscreve-se, do mesmo modo que a do professor, na categoria "docente", uma vez que ele exerce também a função do ensino, responsabilizando-se pela formação de professores (que, a meu ver, constitui espaço *para* e situação *de* ensino e aprendizagem). O entendimento sobre formação do professor apresentado por Moura (2003, p. 137), de que "este ao formar também se forma", pode ser estendido ao papel que desempenha o coordenador na formação de professores, sobretudo porque, nas interações estabelecidas com o grupo — nelas interferindo e delas sofrendo interferências —, o coordenador

> [...] representa um momento de subjetivação dentro dos espaços sociais em que atua e, simultaneamente, é constituído dentro desses espaços na própria processualidade que caracteriza sua ação dentro deles, a qual está sempre comprometida direta ou indiretamente com inúmeros sistemas de relação (González Rey, 2003, p. 235).

Nesse processo, professores e coordenador pedagógico buscam, cada qual a seu modo, com o ritmo que lhes é próprio e a partir de suas experiências pessoais e profissionais, a *produção de sentidos* tanto no nível individual como nos espaços sociais dentro dos quais organizam suas práticas.

As diferentes perspectivas de análise e de interpretação que emergem da socialização dos registros produzidos por professores e coordenadores necessitam de espaços para o *confronto* (de ideias, de pontos de vista, de concepções, de divergências...) e para a *partilha* (de experiências e conhecimentos) — aspectos inerentes ao processo de desenvolvimento profissional, à reflexão sobre a prática e à aprendizagem.

> [...] percebemos a importância da partilha das experiências para a sua transformação, pois é através dela que se dá a exteriorização [...]. Um espaço de confrontação dos pontos de vista caracteriza uma situação propícia para tirar partido de uma experiência, contribuindo para o caráter formativo e não deformativo desta.
>
> Numa situação de partilha é importante que os diferentes atores exteriorizem, na troca, suas intenções, objetivos e visões de mundo, confrontando seus diferentes significados, o que permite até mesmo reelaborá-los. Dessa maneira, tira-se partido das experiências de uns e outros, construindo um sentido próprio (Warchauer, 2001, p. 136).

A partir das discussões das práticas e dos dilemas daí advindos (com seus conflitos e desafios), professores e coordenadores podem levantar novas hipóteses de atuação (ou rever as construídas), planejando procedimentos e encaminhamentos como possibilidades de trabalho conjunto. Nesse processo, a explicitação das diferenças/divergências indica os ajustes necessários para a manutenção de um trabalho *coerente* com a proposta que se pretende efetivar ou com o projeto de escola que se almeja construir. Torres (2001, p. 46) ressalta a importância da construção dessa parceria:

> A ação dos coordenadores não pode acontecer sem a intermediação de situações concretas, em que possa ser expressa e percebida. Esse coordenador que vem sendo discutido [...] que está envolvido na construção do projeto pedagógico e assume o currículo como espaço de atuação, necessária e principalmente, tem o professor em parceria, sendo mediador entre este e um projeto pedagógico mais amplo.

Confrontar as diferentes perspectivas presentes no contexto escolar implica considerar a complexidade da ação educativa que, permeada pelas relações interpessoais, revela distintas formas de atribuição de sentidos para o *ser* e o *estar* na profissão docente.

A construção do "sentido coletivo" — opondo-se à ideia de que ela requer a consonância total e a homogeneização dos posicionamentos dos professores — concretiza-se quando as diferentes perspectivas são expostas, discutidas e analisadas com vistas a um objetivo comum: encontrar respostas para as necessidades desse coletivo.

O social atua como elemento produtor de sentido partindo do lugar do sujeito em seu sistema de relações e da história desse próprio sujeito, que também *não representa uma estrutura interna passiva, definitiva de seus comportamentos atuais*, e sim uma *configuração geradora de sentidos* que não podem isolar-se dos sentidos produzidos no curso da experiência do sujeito (González Rey, 2003, p. 224; destaque meu).

Possibilitar as condições necessárias para que esse trabalho se efetive constitui um dos focos do trabalho do coordenador pedagógico na formação de professores, o que envolve diálogo, discussão sobre a(s) prática(s) e sobre as concepções presentes no contexto escolar. Bruno (1998, p. 15) reconhece que o papel do coordenador pedagógico apresenta a complexidade própria de qualquer ação que pretenda o crescimento real e autônomo de pessoas:

> Essa complexidade traz sinais que precisam ser interpretados para que se tenha uma compreensão de diversos movimentos do indivíduo em relação ao grupo e do grupo em relação aos indivíduos. São sinais da cultura dos grupos com valores comuns aos indivíduos, sinais das relações interpessoais, sinais de cada subjetividade produzida em diferentes contextos de relações.

O enfrentamento da complexidade dessa formação exige, em primeiro lugar, tempo para estar junto.

Identificar esses sinais, decodificá-los, traduzir as intenções que eles carregam, gerando possibilidades de diálogo sobre a prática docente, constituem ações/atitudes necessárias para a atuação do coordenador pedagógico na formação de professores.

A prática da elaboração e da socialização de registros na formação de professores deve orientar-se para a criação dos espaços necessários a essa troca e a essa construção. A conversão das informações presentes nesses registros em *ideias* que professores e coordenadores possam utilizar no aperfeiçoamento de seu próprio trabalho ocorre na medida em que o conhecimento gerado é colocado a serviço da ação.

Referências bibliográficas

BAKHTIN, M., VOLOCHINOV, V. N. *Marxismo e filosofia da linguagem*. São Paulo, Hucitec, 1999.

BRUNO, E. B. G. O trabalho coletivo como espaço de formação. In: GUIMARÃES, A. A.; MATE, C. H. et al. *O coordenador pedagógico e a educação continuada*. São Paulo, Loyola, 1998.

CASTORIADIS, C. Para si e subjetividade. In: PENA, A.; NASCIMENTO, E. P. (orgs.). *O pensar complexo*. Edgar Morin e a crise da modernidade. Rio de Janeiro, Garamond, 1999.

FREIRE, P. *Cartas a Cristina*. Rio de Janeiro, Paz e Terra, 1994.

——. *Pedagogia da autonomia*. Rio de Janeiro, Paz e Terra, 1999.

GONZÁLEZ REY, F. *Sujeito e subjetividade*. São Paulo, Thompson, 2003.

MOURA, M. O. O educador matemático na coletividade de formação. In: TIBALLI, E. F. A.; CHAVES, S. M. (orgs.). *Concepções e práticas em formação de professores*. Diferentes olhares. Rio de Janeiro, DP&A e Alternativa, 2003.

NÓVOA, A. Formação de professores e profissão docente. In: NÓVOA, António (org.). *Os professores e a sua formação*. Lisboa, Dom Quixote, 1992.

ORSOLON, L. A. M. O coordenador/formador como um dos agentes de transformação da/na escola. In: ALMEIDA, L. R.; PLACCO, V. M. N. S. (orgs.). *O coordenador pedagógico e o espaço da mudança*. São Paulo, Loyola, 2001.

TORRES, S. R. Reuniões pedagógicas: espaço de encontro entre coordenadores e professores ou exigência burocrática? In: ALMEIDA, L. R.; PLACCO, V. M. N. S. (orgs). *O coordenador pedagógico e o espaço da mudança*. São Paulo, Loyola, 2001.

ZABALZA, M. A. *Diários de aula*. Contributo para o estudo dos dilemas práticos dos professores. Porto, Porto Editora, 1994.

WARSCHAUER, C. *Rodas em rede*. Oportunidades formativas na escola e fora dela. Rio de Janeiro, Paz e Terra, 2001.

Edições Loyola

editoração impressão acabamento

Rua 1822 nº 341 – Ipiranga
04216-000 São Paulo, SP
T 55 11 3385 8500/8501, 2063 4275
www.loyola.com.br